공감을 불러일으키는 감성 유머

통하는 화술

| 민영욱·조영관·손이수 지음 |

가림출판사

추천의 글

- 도산 안창호, 링컨, 처칠 등 시대를 움직인 거인들의 위트가 절실한 시대에 적절하게 출간되어 우리에게 한아름 웃음을 선사해 줄 것이다.　　국회의원 김춘진
- 고대 그리스 시대에서부터 현대에 이르기까지 촌철살인의 유머와 연설의 역사가 한 눈에 들어올 수 있도록 쉽고 재미있게 구성되었다.
　　　　　　　　　　　　　　　　　　　　　한양대학교 석좌교수 정병석
- 실력과 함께 중요한 것이 소통의 힘이다. 강단에서는 교수나 학생들에게 매우 유용한 책이 될 것이다.　　　　　　　　　　　　서울대학교 교수 정두수
- 공감과 감성의 유쾌·상쾌한 고품격 스피치의 지침서로써 매우 유용한 책이다.
　　　　　　　　　　　　　　　　　　　　　　　KBS1 스카우트 책임 PD 황재연
- 가슴을 적시는 공감과 언어의 마술사가 되려면 꼭 읽어야 할 책이다.
　　　　　　　　　　　　　　　　　　　　　　　　　　　방송인, 화가 손철
- 유머의 원리를 비롯한 옛 선인들의 숨결과 현대 인물의 화려한 입담의 기술까지 다양한 자료와 예문이 들어 있어 모임이나 대중석상에서 바로바로 사용하기에 알맞은 책이다.　　　　　　　　　　　　　　　　　　　　방송인 이수근
- 유머와 스피치 연설의 원리와 기술이 부드러운 시와 같이 잘 정리되어 있다.
　　　　　　　　　　　　　　　　　　　　　　　　　　　　변호사 박양진
- 부드러우나 강단에 서면 카리스마가 넘치는 저자의 노력과 예지가 오롯이 담겨 있다.　　　　　　　　　　　　　　　　　　호서대학교 교수 시인 유희봉
- 인간 관계나 노사 관계에서 말이란 중요한 역할을 한다. 한국경제신문사에서 20년 동안 글만 써온 기자에게도 유머 기술에 대한 총체적 이론을 배울 수 있는 좋은 시간이 되었다.　　　　　　　　　　　　한경 좋은 일터 연구소 윤기설
- 읽으면 재미있고 즐거운 책이다. 인생이 행복해지고 무대가 더욱 풍성해질 것이다.　　　　　　　　　　　　　　　　　　　　　　　　방송인 엄용수
- 깊이와 재미가 돋보이고 유머의 품격이 느껴지는 매력적인 책이다.
　　　　　　　　　　　　　　　　　　　　　　　　　　　유머 작가 김진배

책머리에

세상에서 가장 따뜻한 바다는? …… 사랑해

　개그 콘서트의 인기가 상종가다. 그 중에서도 최효종의 '애정남'이 정치권에까지 영향을 끼치고 있다.
　누군가는 삶이 엄숙하면 엄숙할수록 그만큼 더 유머는 필요하다고 했던가.
　찰리 채플린은 인생은 멀리서 보면 희극이고 가까이서 보면 비극이라고 했다.
　요즘 많은 사람들의 삶이 팍팍하다.
　어느 시인은 왜 사냐거든 '웃지요' 라고 했다. 희망과 웃음은 삶의 단비이다.
　즐거워도 웃고 어려워도 웃어야 하리…… '소문만복래' 이기 때문이다.
　옛날 못살던 시골 한 상점에 '오늘은 현찰 내일은 외상' 이라고 써 붙여 놓았다.
　고단한 삶 속에도 유머는 있었다.
　가장 좋은 금은 지금이고 가장 좋은 강은 건강이며 가장 좋은 절은 친절이다.
 유머 속에 건강도 있고 친절도 있다. 여자의 마지막 화장은 미소이다.
 성공한 남자의 여유는 근사한 유머에 있다. 이제 고품격 유머력이 화두이다.
 이 책은 품격 있는 유머와 연설 교과서이다.
 유머의 심리학적 고찰과 고대 그리스 시대로부터 프랑스, 영국, 미국에 이르는 방대한 유머와 유머의 역사를 담고 있다. 또한 도산 안창호, 링컨, 처칠, 스티브잡스 등 역사와 시대를 움직인 거인들의 위트와 명 스피치를 담았다.
 더 나아가 성공한 기업의 CEO와 근사한 리더의 현장 유머가 곳곳에 웃음 폭탄처럼 깔려 있다.
 요즘은 지하철에서 물건을 파시는 분들도 유머를 한다. 나물을 파는 할머니가 '오늘은 북한산 통일되면 국산!', '여러분! 제가 이 칸에서 물건을 한 개라도 팔았을까요? 못 팔았을까요? 못 팔았습니다. 하지만 저에게는 다음 칸이 있습니다……'
 이제 아름다운 소통을 넘어 배려와 공감, 그리고 감동의 유머 스피치를 준비하자.

차례

책머리에 • 8

1 유머의 원리를 알아야 웃길 수 있다

1. 유머, 원리를 알아야 한다 • 14 | 2. 유머도 품위를 높이기 위한 기술이 필요하다 • 22 | 3. 유머, 재미있어야 한다 • 30 | 4. 철학적·심리학적 관점에서 본 유머의 진실 • 39 | 5. 유머의 프레임 • 47 | 6. 웃게 만드는 유머의 기법 • 54

2 유머 센스와 유머 스타일을 키워야 제대로 된 유머를 한다

1. 유머 센스를 키워라 • 68 | 2. 남자와 여자의 다른 유머 전략 • 75 | 3. 유머 스타일을 만들어라 • 81 | 4. 유머 센스도 능력이다 • 91

3 일상 유머와 설득 유머의 감각을 알아야 매력 있는 사람이 된다

1. 위트, 재치 있게 하라 • 100 | 2. 위트의 기술을 향상시켜라 • 105 | 3. 엄숙 모드와 유머 모드의 전략 • 114 | 4. 유머가 주는 멋진 대화 • 120 | 5. 설득 기술로 유머를 활용하라 • 128 | 6. 갈등을 유머로 해소하라 • 138 | 7. 협상과 중재에서 유머 기법으로 설득하라 • 146

4 직장 유머와 리더의 유머를 알아야 유쾌한
일터를 만들 수 있다
1. 직장에서의 유머 감각 키우기 • 156 | 2. 앞서가는 기업의 유머 화법
• 164 | 3. 리더십으로의 유머 성공 전략 • 170 | 4. CEO와 정치지도자
의 유머 리더십 전략 • 176

5 연설에서 유머를 강력하게 활용하라
1. 연설에서의 유머는 이기는 화법이다 • 186 | 2. 연설 서두에서 유머로
제압하라 • 191 | 3. 유머 한마디가 성공 비결이다 • 199 | 4. 명연설 속
의 실전 유머 화법 • 208

6 유머의 역사 • 역사적 유머리스트의 유머 화법을
배워라
1. 유머와 위트의 역사 • 226 | 2. 현대 이전의 유머리스트들 • 233 |
3. 해학적 웃음을 가진 우리 민족 • 245 | 4. 우리 선조의 유머 감각 • 250

# 1

유머의 원리를 알아야
웃길 수 있다

1

유머, 원리를 알아야 한다

유-머인가, 휴-머인가

사람은 즐거운 감정을 자연스럽게 표현하는 동물이다.

사람이 살아가는 동안 많은 희로애락이 교차한다. 그렇지만 기쁨과 즐거움을 느끼는 순간은 그리 많지가 않다. 그래서 기쁨과 즐거움을 찾으려고 노력한다. 유머에 관한 연구도 그 일환으로 시작되었을 것이다.

서양 철학자들이 유머와 웃음의 원리에 대해서 연구한 것은 고대 그리스 시대부터였다. 근세에 들어와서는 실증적 방법을 동원하는 심리학자들도 가세하였는데, 그럼에도 불구하고 유머란 무엇인가에 대한 명확한 답이 나오지 않고 있다. 사람의 삶을 이론적으로 명쾌하게 표현하는 것이 어렵기 때문이다.

유머(humor)는 영어이다.

유머라는 단어가 우리나라에서 언제부터 쓰였는지 몰라도, 그전에는 우리말의 농담이나 우스갯소리란 용어가 주로 사용되었다.

유머와 관련하여 국어사전을 찾아보면, '익살은 남을 웃기려고 일부러 하는 말이나 몸짓', '우스개는 남을 웃기려고 익살을 부리면서 하는 말이나 짓', '우스갯소리는 남을 웃기려고 하는 말'로서 유머의 의미에 접근한 순수한 우리말이다.

익살, 우스개, 우스갯소리는 의미상으로 바꾸어 써도 무방할 것 같으며, 유머라고 해도 틀린 말은 아니다.

'농담(弄淡)'은 실없이 놀리거나 장난으로 하는 말로써 줄여서 '농(弄)'이라고 한다. 농담과 동의어에는 '농말, 농언'이 있다.

'소담(笑談)'은 우스운 이야기, '담소(談笑)'는 웃고 즐기면서 이야기하는 것을 가리킨다.

스토리로서의 농담(joke)은 소담이라고 할 수 있으며, 행위로서의 농담하기(joking)란 담소의 뜻으로 사용될 수 있다.

농담을 폄하하는 말로 하는 '농지거리'는 점잖지 아니하게 함부로 하는 장난이나 농담을 낮잡아 이르는 말인데 반하여, '해학(諧謔)'은 익살스럽고 품위가 있는 말이나 행동을 의미한다. 또 '골계(滑稽)'는 익살을 부리는 가운데 어떤 교훈을 주는 일을 가리킨다.

이런 의미로 보아 농지거리를 하면 품위가 떨어지고, 해학을 해야 농담을 한 보람이 있다는 셈이 된다.

우리에게 외래어인 'humor'라는 단어의 발음은 원어민 사이에서도 두 가지로 나뉜다.

첫소리 h 음을 그대로 발성하여 '휴-머'로 발음하는 미국인이 95퍼센트인데, 고집스럽게 '유-머'로 발음하는 사람도 3퍼센트 정도 된다.

이와 같이 절대 다수의 영국인과 미국인 모두 h 음을 발성하는데, 우습게도 우리말 표기에서는 거의 대부분 '유머'로 표기하고 있다. 콩글리시에 해당된 유머가 아닐 수 없다.

사람을 웃게 하는 말이다

말의 의미는 시대의 문화에 따라 변한다. 유머의 의미도 어원에서 오늘날의 의미로 전해지기까지 많은 변화가 있었다.

그래서 서양에서도 유머의 뜻에 대하여 '이것이다'라고 명확한 정의를 내리지 못하고 있으며, 사전적 정의도 매우 복잡하다.

우리 국어사전에서는 유머를 어떻게 번역하고 있을까?

표준국어대사전에서는 '남을 웃기는 말이나 행동'이라고 한다.

영어권의 권위 있는 《옥스퍼드 영어사전》에 의하면, '즐거움을 촉발하는 행위, 말 또는 글의 자질 ; 기묘함, 익살맞음, 우스꽝스러움, 희극성, 재미'로 정의하고 있다.

계속해서 '익살스럽거나 즐거운 것을 지각하는 능력, 말이나 글

또는 다른 방법으로 그것을 표현하는 능력, 하나의 주제에 대한 익살맞은 상상이나 처리이기도 하다'라고 정의하고 있다.

유머는 재미있는 것으로 지각되거나 다른 사람들을 웃게 만드는 경향이 있는 무엇인가를 말하거나 행하는 것뿐만 아니라, 그러한 즐거운 자극을 만들어 내고 느끼게 해주는 심적 과정, 그리고 즐거운 감정적 반응을 모두 지칭하는 아주 넓은 의미로 사용되는 용어이다.

《유머심리학 : 통합적 접근》의 저자인 웨스턴 온타리오대학교의 심리학과 교수인 마틴(Rod A. Martin)은 심리학적 견지에서 다음과 같이 보다 구체적으로 정의했다.

> 유머는 일상생활의 많은 측면들을 다루는 복잡한 현상이다. 사회, 인지, 정서, 그리고 표현 성분을 담고 있는 일종의 심적 놀이다. 또한 통조림식 농담, 자발적인 대화성 재담, 아이러니, 펀, 중의어구, 재미있는 일화, 그리고 의도하지 않은 재미있는 말과 행위 등을 포함한 다양한 형태를 취한다.

한마디로 유머는 의사소통 과정에서 '심적 놀이'를 하는 도구인 것이다. 그러므로 유머를 대화의 기술로 적극 활용해야 한다.

흥미로운 것은 서양에서 유머에 대한 광의적인 의미의 정립이 최근에야 이루어졌다는 점이다

유머는 고대 그리스 시대에는 물질을 지칭하였지만, 점차적으로 지속적인 기질과 잠정적인 기분 모두와 관련된 심리적 의미로 발전

하여 왔다.

20세기를 거치면서 위트와 유머 사이의 구분은 사라지게 되었으며, 유머가 우스꽝스러운 모든 것을 지칭하는 보편적 용어로 자리 잡게 되었다.

유머는 더 이상 웃음을 유발하는 한 가지 방법만을 나타내는 것이 아니라, 과거에 위트로 기술되어 왔던 공격적 형태를 포함한 모든 웃음의 원천을 지칭하게 되었다.

유머의 종류

우리의 일상적 대인관계에서 나타나는 유머는 크게 세 가지로 나눌 수 있다.

농담

농담(joke)은 우리말의 소담, 즉 웃기는 이야기로 허구적인 짧고 재미있는 이야기로서 부조화 혹은 어색함, 엉뚱함을 포함시켜 웃음을 유발시키는 유머이다.

★ 조크를 우리말로 '농담'으로 사용하지만, 오히려 미국에서는 '소담'의 의미로 쓰인다.
★ 미국에서는 통조림식 농담(canned joke)이라고 부르기도 하는데, 농담과 농담하기로 지칭할 수 있는 말장난과 재치 있는 위트와 구분하기 위해서라고 한다.

자발적 대화 유머인 위트

위트(wit)는 대화라는 상호과정에서 의도적으로 자신이나 다른 사람이 경험한 재미난 이야기를 하는 에피소드와 재미난 언사(言辭)로서 대화의 맥락에 의존한 표현이다.

'번갯불에 콩 볶아 먹네!' 라는 말과 같이 대화에서 사용되는 유머러스한 말이나 표현이 대부분이다. 그리고 유행어로 일상용어를 대치하면서 재미를 즐기는 것이다.

> '차도남'는 '차가운 도시 남자'의 준말로. 유행어를 꼽을 때 빼놓을 수 없는 말이다. 차도남의 유래는 스타 웹툰(인터넷 연재만화) 작가인 조석 씨의 작품 '생활의 발견' 중 한 컷에서 시작됐다. '나는 차가운 도시 남자, 하지만 내 여자에겐 따뜻하겠지' 라는 민망한(?) 대사가 화제가 되면서 '차도남'이 탄생한 것이다.
> 이후 각종 언론에서 '차도녀(차가운 도시 여자)', '까도남(까칠하고 도도한 남자)', '꼬픈남(유혹하고 싶은 남자)' 등의 신조어를 활용하면서 '~남자', '~여자' 시리즈가 화제가 됐다.

비의도적 유머

웃기려는 의도가 없는 말이나 행위에 의해서도 많은 기쁨과 웃음이 있다. 이러한 말과 행위를 표현할 때 비의도적 유머 또는 우발적 유머이다.

여기에는 바나나 껍질에 미끄러지거나 셔츠에 음료수를 흘리는 것처럼 사소한 불운과 실수가 포함된다.

이러한 유형의 사건은 예상치 못하고 사소한 부주의로 발생하지만 당사자가 심각하지 않았을 때 주변 사람들에게 재미와 웃음을 준다.

이런 신체의 일부분을 이용한 유머의 유형은 과장되거나 엉뚱한 행동을 일삼는 TV 개그 프로그램의 단골 메뉴로 등장하기도 한다.

또한 의도하지 않은 철자의 실수, 발음의 실수, 논리의 실수 등도 경우에 따라 재미와 웃음을 터트려 주기도 하는데, 이를 의도적으로 사용하여 듣는 사람의 기억에 영향을 주기도 한다.

방어기제로서의 유머

유머는 우리에게 친숙하고 기분 좋은 말과 행위로 어떤 상황에서든지 일어날 수 있다. 함께 사는 부부사이에서도, 버스 정류장에서 함께 기다리는 낯선 사람들 사이에서도, 공식적인 협상에 참여하고 있는 비즈니스맨의 상호작용에서도 나타나기도 한다.

> '듣기'에 관해 탈무드에 나오는 유머이다.
> 농부에게서 우스갯소리를 들으면 세 번 웃는다고 한다. 처음 들을 때와 설명을 들었을 때, 그리고 그 뜻을 알게 되었을 때다.
> 하지만 지주는 두 번밖에 웃지 않는다. 처음 들을 때와 설명을 들었을 때뿐이다. 어차피 뜻은 모르기 때문이다.
> 그런데 장교는 한 번밖에 웃지 않는다.

즉 처음 들을 때 뿐이며, 설명 같은 건 상관하지 않는다. 그러니 뜻을 알 턱이 없다.
그런데 유대인에게 유머를 이야기하면 '그 이야기는 이미 알고 있어요' 하면서 더 재미있는 이야기를 들려준다고 한다.

남에게서 재미있는 이야기를 들으면 그냥 흘리지 말고 한 번 생각해 보기 바란다. 즐겁게 하는 말, 즉 유머를 들으면 재미를 느끼며 웃음이 나오는 까닭을 말이다.

유머를 듣고 웃는만큼은 잠시 동안이나마 일상에 수반된 정서적 긴장이나 고통으로부터 벗어날 수가 있다. 즉 긴장의 허리띠를 풀고 굳어 있던 얼굴 근육을 움직이며 '하하! 호호!' 소리를 내며 마냥 즐거워한다.

그래서 심리학자 프로이트는 유머를 '최고의 방어기제', '멋지고 고무적인 것' 이라고 했다.

그러므로 유머와 웃음은 즐거움의 원천이며, 내적 조깅이다.

 맛있는 유머

옛날 사람

x세대 둘이 이런 대화를 나누었다.
'옛날 사람들은 전화도 없고 TV도 없고 냉장고도 없고 자동차도 없었는데 어떻게 살았지?'
다른 사람이 말했다.
'그래서 못 살고 다 죽었잖아.'

유머도 품위를 높이기 위한 기술이 필요하다

유머는 문화요, 사회현상이다

우리는 얼마나 웃고 살까?

어느 연구에 의하면 인생 80년에서 우리는 잠자는 데 26년, 일하는 데 21년, 밥 먹고 사람을 기다리는 데 각각 6년씩이나 보내지만, 웃는 데에는 고작 5일 22시간 3분을 보낸다고 한다. 평생 일주일도 채 웃지 않는다는 말이다.

아인슈타인은 노벨물리학상을 받는 자리에서 유머의 중요성을 이렇게 강조했다. '나를 키운 것은 유머였고, 내가 보여줄 수 있는 최고의 능력은 조크였다. 세상 사람들은 규칙을 지키는 것이 가장 중요한 가치라고 생각하지만, 나는 반대로 규칙을 뒤집었을 때 우리에게 가장 필요한 새로운 규칙이 탄생할 것이라고 믿는다.'

이 지구상에 유머가 없는 나라는 없다.

유머는 부조화로 인해 장난기가 있는 즐거움과 오락의 형태로서 웃음을 나오게 하는데, 유머와 웃음은 전 세계에 걸쳐 모든 문화에 존재하며 언어 구사와 연결이 되어 있다.

웃음 반응을 유발할 수 있는 사회 상황과 사건의 범위는 엄청날 정도로 아주 다양하다.

우리는 대화, 매스미디어, 인터넷, 모바일 등 수단을 통해서 서로 다른 목적을 위해 전달되는 다양한 형태의 유머들을 접하게 된다. 그 유머는 문화의 일부인 것이다.

어떤 유머는 매스컴을 통해서 우리에게 전달된다.

라디오 진행자는 익살을 떨고 재치 있는 표현을 하며 애청자들의 귀를 끌려고 한다. 텔레비전은 시트콤, NG 장면 보여 주기, 정치풍자 등의 개그 프로그램, 그리고 유머러스한 광고 등의 형태로 끊임없이 유머의 성찬을 제공하며 시청자들을 끌어들여 즐거움을 주고 유행어를 양산해내고 있다.

우리는 신문의 풍자만화, 코미디 영화, 연극, 오페라, 유머집 등을 통해서도 유머에 접할 수가 있으며, 인터넷에 접속하여 풍자와 말장난이 포함된 이른바 '인터넷 유머'를 볼 수도 있다. 웃음을 지을 수 있는 유머 문화는 다른 분야에 비해 쉽게 접근할 수 있는 장점이 있다. 그럼에도 많은 사람들이 수동적인 유머 소비자로 남는 것이 안타까울 뿐이다.

커뮤니케이션과 유머

사람들에게 사흘 동안 웃을 때마다 그 내용을 기록하도록 요구한 일기를 연구한 결과를 보면, 일상은 웃음생활에서 대략 11퍼센트만이 농담에 대한 반응으로 일어나고, 17퍼센트는 대중매체에 의해서 야기되며, 나머지 72퍼센트는 대인관계 중에 자발적으로 일어난다고 했다.

그렇다면 재미있는 스토리인 농담은 일상적인 대인관계에서 우리가 경험하는 유머의 지극히 적은 부분에 해당하는 셈이다.

실제로 우리 일반인들은 일상생활에서 경험하는 유머와 웃음을 다른 사람과의 정상적인 관계 속에서 자연스럽게 형성하고 있으며, 이를 통해 긴장을 해소하고 교감을 깊게 한다.

이러한 인간관계적 유머는 거의 모든 유형의 공식적, 비공식적 상호작용인 의사소통에서 이루어지고 있다.

연인 간에, 친구 간에, 급우들 간에, 동료직원 간에, 사업협력자 간에, 상점 판매원과 고객 간에, 의사와 환자 간에, 교사와 학생 간에, 그리고 심지어는 낯선 타인들 간에 우연히 나누는 대화 등에서도 얼마든지 유머를 주고받으며 인간적 유대관계를 가질 기회가 있다.

최근 들어 유머에 대한 관심이 유머의 원형으로서의 농담에서부터 재치 있는 응수 등과 같이 일상적인 대화 과정에서 자연스럽게 발생하는 형태의 유머로 이동하고 있다. 이는 매우 주목할 만한 사회 현상이다.

사람들마다 유머를 구사하는 정도의 차이를 보이기 마련인데, 일종의 개성으로 간주한다. 우리들은 기쁨이 주는 정적인 정서를 매우 즐기기 때문에 웃게 하는 능력을 가진 사람에게 쉽게 호감을 갖는다.

뛰어난 유머 감각을 지닌 사람들은 친구나 연인으로 선호되며, 리더십이 강한 사람이 많다.

특히 유머는 연사에게 반드시 필요한 기술이다. 정치가, 종교지도자, 교사 등이 하는 연설이나 설교 또는 강의에서 효과적으로 유머를 잘 구사하면 청중에게 깊은 감동을 주는 명강연자로 이름을 떨치기도 한다.

뉴트 깅그리치 전 미국 하원의장이 소니 보노 의원의 장례식 조사를 했다. '고인은 첫 의회 연설에서 때 묻은 정치인들은 물러가야 한다고 했습니다. 그래서 나는 그가 내 사무실에 들어올 때마다 내 자리를 노리는 것 같아 위협을 느꼈습니다' 장례식장은 웃음바다로 변했다. 조문객들이 유머를 받아들이지 못했다면 매우 험악한 분위기가 되었을 것이다.

유머의 사회적 기능

사회학자 린다 프랜시스 교수는 '유머에는 재미있다는 이유 이외에도 설명해야 할 것이 많다. 사람들이 유머를 사용하는 데에는 이유가 있으며 유머를 가지고 달성하고자 하는 목표를 가지고 있다'고 지적한다.

쉽게 말해서 어떤 속셈이나 의도를 가지고 사람들은 유머를 한다는 이야기이다.

대부분 유머를 농담이나 재미있는 말장난쯤으로 생각한다. 그러나 유머는 복잡할 정도로 다양한 방식으로 사람들에게 영향력을 발휘하기 위하여 사용하는 방법 중의 하나이다.

실제로 유머는 의사소통, 매력, 태도, 성품, 설득, 긴밀한 관계 등에 적지 않은 영향을 미치고 있다. 유머로 인한 즐거움, 재미, 환희의 감정도 전형적으로 다른 사람들과 공유하는 것이다.

유머로 공유하는 감정은 친밀한 관계를 형성하고 유지시키며, 매력과 헌신의 감정을 고양시키고, 상호 간에 도움이 되는 행위를 조화시키는 아주 중요한 사회적 기능을 하고 있다.

유머로 형성되는 웃음은 대화의 분위기를 온화하게 하여 즐거운 분위기로 만든다.

웃음은 본질적으로 인간관계에서 발생하는 사회적인 것이며, 자신의 기쁜 정서 상태를 상대방에게 전달할 뿐만 아니라, 특히 듣는 사람에게도 이러한 정서를 유도해 내서 우스갯소리를 하게 만든다.

따라서 유머는 그 자체로서 즐기는 놀이의 형태인 동시에, 즐거움을 공유하며 친밀관계를 고양시키는 중요한 사회적 기능도 담당하는 말하기라는 것을 깨닫고 효과적으로 활용해야 한다.

유머가 다양한 대인 관계 기능을 가지고 있다는 사실은 유머를 일종의 '사회적 기술'이나 '대인 관계 능력'으로 간주할 수 있음을 의미한다. 일상 대화에서 숙련된 방식으로 사용한다면 유머는 원만한 대인 관계를 만들어가는데 매우 유용한 도구가 된다.

그렇다고 해서 유머가 항상 친사회적인 방식으로만 사용되는 것은 아니다. 특정 상황에서 개인의 목표가 의미 있는 관계를 형성하고 친밀감을 증진하여 갈등을 해소하려는 것이라면, 유머를 적절하게 사용하는 것이 효과적인 수단이 될 수 있다.

반면에 목표가 상대방을 이용하거나 조종하거나 지배하거나, 아니면 헐뜯으려는 것일 때에도 유머는 유용한 기술이 될 수 있다. 정치인이 다른 정치인을 비난할 때 조롱하듯이 하는 유머가 대표적인 예에 속한다.

 맛있는 유머

> 모 여당 정치인이 서울시 무상급식 찬반 투표율에서 27.5퍼센트의 득표가 사실상 승리라고 하자, 시골의사 박경철 원장은 '그렇다면 사실상 파리도 새라고 봐야 한다고……' 했다.

유머 토크와 스피치를 하라

말은 설득하려는 메시지이다.

설득하려 한다면 효과가 있어야 한다. 즉 먹혀들어가야 한다. 고개를 끄떡이게 하고 마음을 동하게 해서 행동하게끔 해야 한다.

그러기 위해서 대화나 연설을 진지하게 하면 대화의 목적이나 연설하는 목적을 달성할 수 있을까?

그렇지 않다.

진지한 이야기는 대부분 알고 있는 내용들이고 재미없는 이야기들뿐이다. 이런 이야기를 듣는 입장에 서면 사람들은 내내 집중하지 못한다. 인내심이 부족하다고 탓해서는 안 된다. 흥미나 재미가 없으면 좀이 쑤시고 딴 생각을 하며 생리적 반응인 하품을 하게 된다.

연설을 듣는 자리면 오로지 들어야만 하기 때문에 설교에 가까운 스피치가 지겹다고 생각한다.

이런 전달 효과의 마이너스 상황을 극복하고 말하기나 연설의 효과를 제대로 보기 위해서는 웃음을 유발하는 유머로 관심과 흥미를 끌어야 한다. 즉 '유머 토크'나 '유머 스피치'를 하는 것이 반드시 필요하다.

고대 그리스의 유명한 소피스트 철학자 프로타고라스는 '의사는 약으로 사람의 기분을 전환시키지만, 웅변가는 말로 사람의 기분을 전환시킨다'고 하였다. 몇 마디의 재미있는 말이 재미없는 대화나 연설의 효과에 약과 같은 작용을 한다는 것이다.

사람들 중에 차갑다, 냉정하다, 화가 났다, 반갑지 않은가보다,

재미없다 등의 평가를 받는 사람은 대화에서 유머를 제대로 사용하지 못하기 때문이다.

대화에서 무장 해제를 시키는 것이 유머이다. 무장 해제를 시키면 이성이라는 논리 모드에서 감성 모드가 된다.

'웃는 얼굴에 침 못 뱉는다'는 속담이 있다.

상대가 웃기면 기분이 좋아진다. 사람은 기분을 비롯한 감정에 좌우되는 동물이기 때문이다. 기분이 좋으면 이것저것 따지지 않고 승낙을 하게 된다.

상대의 기분을 좋게 하여 마음을 움직여서 좋은 결론을 얻어내는 것이야말로 커뮤니케이션의 최고 기술인 것이다.

요즘은 유머가 경쟁력이다. 유머와 웃음은 인간관계를 좋게 유지해나가는 스마트 플레이어이다. 유머를 효과적으로 사용하는 것은 그만큼 처세술이 뛰어나다는 증거이다.

 맛있는 유머

교수대 유머

교수대 유머(gallows humor)라는 용어는 교수대로 끌려가는 도중에 가벼운 농담을 하는 사형수에 관한 프로이트의 기술에서 따온 것이다. 처형에 앞서 마지막 담배를 권유받은 사형수가 '고맙습니다만, 저는 지금 금연 중입니다'라는 농담을 하는 식이다.

이러한 유머는 절망적이거나 극단적으로 고통스러운 상황에서 정상 상태를 유지하려는 수단으로 사용된다.

유머, 재미있어야 한다

유머에도 조건이 있다

우리들은 대화라는 커뮤니케이션 과정에서 유머의 생산자가 되어 다른 사람들을 웃게 만들 수 있으며, 다른 사람이 만들어낸 유머에도 소비자로서 반응하며 웃을 수도 있다.

유머 중에서 사람들이 좋아하며 시원하게 웃음을 터트리는 것이 재미있고 우스운 농담이다.

요즈음 스토리텔링이 유행이다. 스토리텔링은 왜 하는가? 자신에게 주목하게 하며 자신의 말에 흥미를 끌고 재미있게 이해시키거나 상대와 친숙해지려고 하는 것이다.

스토리텔링의 원조는 유머이다.

미국의 심리학자 윌리엄 제임스는 심리학에서 자극이 되는 사실을 지각한 뒤 신체적 변화들이 나타나는데 그 변화의 의식이 정서

(情緒)라고 했다.

정서는 비교적 강하게 단시간 동안 계속되는 감정이다. 정서는 마음이 움직이고 감동된다는 점에서 정동(情動)이라고도 한다. 즉 웃을 수 있다는 것은 강하게 단시간 동안 느낄 수 있는 유쾌한 감정인 것이다.

웃음에도 조건이 있다.

웃음이라는 상황이 벌어지려면 듣는 사람들의 심리 상태가 나타나는 변화가 두 가지 점에서 연관이 있어야 한다.

첫째, 전혀 기대하지 않았던 말이나 행동을 하는 것이다. 우리들은 어떤 이야기나 말을 들으면 '앞으로 어떠할 것이다' 또는 '앞으로 어떤 말을 할 것이다'고 짐작하는 추리나 추론을 하여 예상이나 기대를 하게 된다. 이러한 기대는 상식과 논리에 맞았었다. 이것이 정상적인 생각이다.

이러한 기대와 전혀 다른 내용의 말, 어긋난 말을 하여 심리적 전환을 하게 함으로써 웃음을 자아내게 하는 것이 유머나 농담의 기본 조건이다.

둘째, 그러한 심리적 전환은 부담 없이 '유쾌'하게 느껴져야 한다.

점잖을 것 같은 사람이 바나나 껍질을 밟아 미끄러진 광경을 보면 '하하하' 하고 웃음이 터져 나온다. 다만 엉덩이를 문지르며 주위를 둘러보면서 쑥스러운 표정을 짓고 일어서면 웃을 수 있지만, 넘어진 채로 전혀 움직이지 않으면 웃어서는 안 된다.

우리에게 웃음을 유발하는 것은 기대의 어긋남에 대한 결과이지만, 그 어긋난 것에 부담이 없기 때문에 가능한 것이다. 웃음은 실감(實感)의 보수다.

즉 웃어지는 것은 '어긋났지만 받아들이고 있다'라고 하는 것이다. 그러므로 유머는 웃어도 상대방이 신경 쓰이지 않는 것이 좋은 것이다.

정상적 상태에서는 앞뒤가 맞지 않는 말, 논리에 어긋난 말을 한다면 오히려 부족한 사람 또는 뭘 모르고 하는 사람이라는 평가를 받기 마련이다. 그런데 그러한 말이 '놀이'라고 하면 생각을 다르게 한다.

웃음의 요인 2가지

유머가 그렇게 재미난 이유가 무엇인가?
유머와 웃음이 나타나는데 있어서 필요한 요소는 무엇인가?
우리로 하여금 유머를 사용하게 만드는 것은 무엇인가?
웃음을 유발하는 유머를 만드는 요인인 기대하지 못한 어긋난 상황은 크게 '어울리지 않는 의외적인 것'과 '우월감에 의한 것'으로 나누어 생각할 수 있다.

그렇지만 양자가 결합되어야만 유머의 위력을 발휘할 수가 있다.

엉뚱한 말이 튀어나온 의외적인 것

서프라이즈! 놀랍다!

웃음은 유머를 듣는 사람이 머릿속에서 생각하고 있던 말과 실제로 내뱉는 말이 전혀 생각하지 못했던 뜻밖의 것임을 파악했을 때 생겨나기도 한다.

이런 유머로 빚어지는 웃음은 놀람이나 기대의 어긋남, 긴장과 그 이완에서 비롯된다.

철학자 칸트는 '무엇인가 중대한 것을 기대하고 긴장해 있을 때 예상 밖의 결과가 나타나서 긴장이 풀리며 우스꽝스럽게 느껴지는 감정의 표현이 바로 웃음'이라고 했다.

여기에는 걱정을 자아내는 상황에서 오히려 김빠지게 하는 것이나 상식을 뒤엎는 반전 등의 유머도 이에 속한다.

경멸·경시에 의한 것

사람 심리는 묘하다. 자신을 추켜세우면 흡족해한다. 여기에는 비교가 있다. 우월하다는 것은 경멸, 경시한다는 것이 포함된 것이다.

인물의 어리석은 행동이나 타인의 실패를 보고 웃는 것은 우리 내부에 숨어 있는 우월감의 표명이라고 철학자나 심리학자들은 말한다.

플라톤은 '웃음이란 질투의 감정에 쾌감이 가미된 것'이라고 하였는데, 풍자나 조소, 야유, 적대감, 인종, 지방색 등은 모두 이런 요소를 가지고 있다.

  특히 권위 있는 사람이나 대상을 비하 · 저하시켜 평가함으로써 웃음이 유발되는 경우가 많다. 저질로 취급하는 것도 이런 웃음에 속한다. 정치인의 행위에 대한 유머들이 대개 이런 유형의 유머이다.

웃음을 나오게 하는 구성

  남을 웃기게 하기 위해 유머는 의도적으로 만든 일정한 구성을 갖추고 있다. 그 내용이 자연스럽지 못한 의외성이나 등장인물을 경시하는 내용이 담겨져야 비로소 웃음을 유발하는 뇌관이 된다.

  왜냐하면 유머를 표현하는 내용은 유머를 담고 있는 그릇의 역할을 하며, 유머가 가지고 있는 특성이 유머 내용의 기본적인 토대가 되기 때문이다.

  사실 우월감이나 부조화 같은 감정들은 유머에서의 등장인물들이 느끼는 감정이 아니라, 현실세계에서 유머를 듣는 사람들이 등장인물들을 경험하면서 느끼는 감정이다. 그런 감정이 재미있는 감정인 것이다.

  유머는 듣는 사람의 예상을 반전시켜 조화롭지 못한 것을 깨닫게 함으로써 웃음을 만들어내는 구조를 가지고 있다.

  조크, 즉 농담은 익살을 떠는 방법으로 쓰이는 이야기, 즉 상황설정과 예상을 깨뜨리는 펀치라인의 구조로 된 짧고 재미있는 이야기이다.

> 한 사나이가 정신과 의사를 찾아갔다.
> 의사는 진찰을 하고 나서 다음 결과를 알려 줬다.
> '유감스럽습니다만, 당신은 절망적으로 제 정신이 아니군요.'
> '빌어먹을!' 사나이는 분개하였다.
> '또 다른 의견을 듣고 싶습니다.'
> 의사는 태연하게 이렇게 말했다.
> '그러지요. 당신은 못생기기까지 했군요.'

농담에 있어서의 상황설정에는 펀치라인인 마지막 문장을 제외한 모든 문장들이 포함되는데, 듣는 사람으로 하여금 그 상황을 어떻게 해석할 것인지에 대한 특정한 예상이나 기대를 만들어 준다.

펀치라인인 급소 문구가 갑자기 의미를 예상치 못한 놀이적인 방식으로 변경시킴으로써, 유머에 필요한 심각하지 않은 '부조화'를 만들어내는 것이다.

위의 농담에서 펀치라인은 '또 다른 의견'이라는 문구의 의미를 희생양으로 삼아서 참조틀(frame of reference)을 진지하고 전문적인 의사–환자 관계로부터 한 사람이 다른 사람에게 모욕을 주는 것으로 바꾸게 된다. 의외의 말을 하는 것이다.

이러한 이야기는 확실하게 놀이적이고 농담적인 것이며, 전체 이야기는 재미를 의도한 것으로 듣는 이는 받아들인다. 그러나 이 농담에는 공격적인 성분도 들어 있다(당신은 못생기기까지 했군요).

또 다른 예를 살펴 보자.

(상황 설정) 한 사나이가 무장 강도죄로 재판을 받고 있다. 배심원단이 나와서 '무죄입니다'라고 발표하였다.
(급소 문구) 그 사나이는 '고맙습니다. 그렇다면 내가 그 돈을 그냥 가져도 된다는 뜻입니까?'라고 물었다.

이 농담의 급소 문구는 상황과 조화되지 못하거나 '모순'이 된다. 왜냐하면 이 사람은 무죄로 판명된 후에 자신의 범죄를 암묵적으로 시인하고 있기 때문이다. 이러한 뜻밖의 결말은 두 가지 양립할 수 없는 생각을 촉발한다.

즉 그 사나이는 무죄이며 동시에 유죄이다. 따라서 사고의 유머 모드에서는 정상적이고 심각한 사고의 합리적 논리와 반대로 한 대상이 X이면서 동시에 X가 아닐 수가 있는 것이다.

실제로 유머의 핵심은 바로 두 가지 모순된 지각이 동시에 활성화되는 것이다. 이 모순 속에 웃음의 뇌관이 있다.

2가지 농담 방식

농담에는 여러 형태가 있지만, 일반적으로 두 가지 유형으로 하는 것이 보통이다. 하나는 '스토리식'이고, 또 다른 하나는 '문답식'이다.

스토리식은 독립적인 구조를 가지고 있는 유머의 내용을 화자가 계속 진행하여가는 유형이고, 문답식은 질문 형식으로 유머를 시작하는 것으로 마치 수수께끼를 내고 답하는 형이다.

일상의 대화에서 농담하기에는 일반적으로 언어적이거나 비언어적인 단서가 앞서거나(이런 이야기 들어봤니……), 아니면 유머러스하고 듣는 사람이 웃기를 기대한다는 사실을 나타내는 전형적인 구성(한 사나이가 편의점에 들어갔거든……)을 하는 식으로 운을 떼며 시작을 한다.

농담을 하는 사람은 전형적으로 자신의 농담과 진행 중인 대화의 주제를 연결시키고자 시도하지만, 농담은 맥락에서 자유로우며 그 농담을 이해하고 즐기기 위해 필요한 모든 정보를 자체적으로 가지고 있는 스토리로서 위트와 달리 자급자족형 단위의 유머이다.

따라서 잘 구성된 농담을 다양한 대화 맥락에서 사용할 수가 있다. 그래서 유머를 기억하여 다른 장소에서 여러 사람에게 사용할 수가 있는 것이다.

'수수께끼'는 농담과 밀접하게 관련된 또 다른 형태의 준비된 유머이며, '단어놀이'가 수반되기 십상이다. 수수께끼를 내면 무슨 답을 할까 궁리하게 된다. 그렇지만 문제의 답에 의외성을 부가시켜 농담의 표현 방법을 적용시킴으로써 효과적으로 이용하는 것이다.

'숫자 영(0)에서부터 십(10)까지에서 0과 9가 없으면 뭐가 되죠?', 답은 '영구없다' 이다. '아몬드가 죽으면, 다이아몬드', 'Y쪽에 있는 파이는?, 와이파이', '금 중에서 가장 귀한 금은?, 지금' 같은 방식이 농담식 수수께끼 놀이다.

 맛있는 유머

파이프

'그래, 스코틀랜드는 어떻더냐?' 휴가에서 방금 돌아온 딸에게 아버지가 물었다. '모든 사람들이 백파이프(bagpipe)를 가지고 있다는 게 사실이냐?' 딸이 답하였다. '글쎄, 그게 어리석은 고정관념의 하나였어요. 제가 만난 모든 남자들은 정상적인 것을 가지고 있더라고요.'

4

철학적·심리학적 관점에서 본 유머의 진실

재미있는 이유

유머는 사람들의 의표를 찌르고 상식을 뒤집는다. 이야기의 끝이 당돌하고 엉뚱한 만큼, 우리는 놀라고 폭소를 터뜨리며 즐거운 감정을 갖게 된다. 어떤 유머는 시원해서 감정의 체증이 내리고 마음의 응어리가 풀리기도 한다.

우리 인간들이 유머를 하고 웃는 것에 대해 예로부터 많은 학자들이 연구해 왔다. 그들은 자기주장을 증명하기 위해 연구와 각종 실험을 하는 경우에도 유머의 장면이 연출되기도 한다. '아이러니'이다.

그렇지만 학자들은 희로애락이라는 사람이 사는 모습을 규명하고자 한 것이다. 우리의 삶을 돌아보는 뜻과 유머 철학을 갖고 품위 있는 유머인 해학을 펼치기 위해서 이런 이론들을 살펴보는 것도 좋을 것이다.

웃음과 유머에 대해서 마틴 교수는 지금까지 다섯 가지 이론적 접근, 우월성·멸시 이론, 각성 이론, 정신분석 이론, 불합치 이론, 반전 이론이 많은 사람의 주목과 공감을 받아왔다고 했다.

각 이론들은 유머의 특정 측면이나 유형을 설명하지만, 온전한 그림을 제공하는데 실패하였다는 일부 학자들의 비난도 있다. 그러나 유머에 대한 이해와 사용에 도움을 주고 있음은 간과할 수 없을 것이다.

우월성·멸시 이론

실제로 많은 유머가 공격성과 적대감에 근거하며, 경멸·조롱·놀림·모멸로 표현된다. 그래서 공격성은 뻔뻔한 것일 수도 있고, 미묘한 것일 수도 있다.

공격성을 모든 유머의 본질적 특징으로 간주하는 이론 접근은 플라톤과 아리스토텔레스까지 거슬러 올라간다. 이런 유형의 이론들은 우월성·멸시·공격 또는 악화 이론이다.

플라톤은 웃음이 '악의(惡意)에서 기원한 것'이라고 했는데, 그것은 타인의 우스꽝스러운 행동을 보고 웃으며, 심지어 친구의 불행을 보는 경우에서조차 고통보다는 즐거움을 느끼기 때문이다.

마찬가지로 아리스토텔레스는 코미디를 평균 이하의 사람들을 흉내 내는 것으로 보았으며, 유머를 별로 달갑지 않은 것으로 간주하고 '유머를 지나치게 사용하는 사람들은 추잡한 익살꾼이다' 라고 하였다.

여러 세기에 걸쳐 우월성 견해를 보편적으로 받아들이게 만드는 데 일조를 한 17세기 영국철학자 토마스 홉스는 그의 저서 《인간의 본성》에서 '웃음의 감정은 타인의 결함이나 과거 자신의 결함에 비추어볼 때에, 자신의 탁월성을 갑자기 깨달음으로써 발생하는 순간적인 찬양에 불과할 뿐이다' 고 하였다.

따라서 유머는 타인의 멸시나 자신의 과거 실수나 어리석음으로부터 나오는 우월감에서 초래되는 것으로 간주했다.

오늘날 이 접근을 강력하게 내세우는 사람은 미국 조지아대학교의 찰스 그루너 교수이다.

그는 유머를 '장난스러운 공격성'으로 간주하며, 유머가 일종의 놀이라는 생각을 강조했다. 모든 농담은 아무리 순수한 것처럼 보인다고 하더라도 경쟁 관계이며 승자와 패자가 있기 마련이라고 하였다.

또 유머의 즐거움이 어렵고 오랜 경쟁을 통해 막상막하의 게임에서 승리한 후에 갖게 되는 득의만만하고 의기양양한 감정과 유사한 것이며, 모든 성적 농담, 성차별 농담, 그리고 배변(화장실) 농담은 공격성에 근거한 것이라고 하였다.

긴장 완화 이론

유머를 쌓인 심리적 긴장을 풀어주는 한 가지 방법으로 개념화한 학자들도 있다.

심리학자 그레고리(J. C. Gregory)는 긴장 완화를 모든 유형에 들어 있는 공통 요인으로 간주하였다.

그에 따르면 웃음을 이끌어내는 긴장 완화는 상대방 약점을 갑작스럽게 지각하는 것, 또는 어려운 과제를 예상하여 긴장하였는데 예상한 것보다 훨씬 용이한 것으로 판명되는 경우 등 많은 곳에서 일어날 수 있다고 하였다.

유머로 인해 통증이나 공포로부터의 해방, 행동이나 언어에 사회적으로 부과된 제약으로부터의 해방이 될 수 있다.

프로이트의 정신분석 이론

'심리학' 하면 지그문트 프로이트를 떠올릴 것이다. 유머와 관련하여 《농담 그리고 무의식과의 관계》라는 저서와 〈유머〉라는 제목의 짧은 논문이 있다. 20세기 전반부 동안 유머 연구에서는 그의 견해가 가장 영향력 있는 이론이었다.

그에 따르면 웃음에 관련된 현상에는 세 가지의 상이한 범주가 있는데, 위트, 유머, 그리고 희극이다.

각각은 서로 다른 기제(인간의 행동에 영향을 미치는 심리의 작용)를 수반하는데, 이 기제를 통하여 정신 에너지가 보존되거나 효율적으로 사용됨으로써 결과적으로 웃음의 형태로 발산된다고 보았다.

프로이트는 위트와 유머를 구분하였는데, 위트는 공격적이고 심리적으로 건강하지 못한 것으로 보았고, 유머는 삶의 불행이 가지는 역설적 측면에 대한 자비롭고 공감적인 즐거움으로 지칭하였다.

특히 공격성을 위트의 중요한 측면으로 간주하였으며 농담을 위트의 개념과 동일한 것으로 보았다.

거의 모든 사람들이 위트와 희극을 즐기는 반면에, 프로이트는 유머를 소수의 운좋은 사람들만 가지고 있는 '희귀하고 귀중한 재능'으로 기술하였다.

그에 의하면 우리가 그토록 위트를 즐기는 이유는 원초적인 성적 충동과 공격 충동을 방출함으로써 잠시 동안 얻을 수 있는 금지된 즐거움을 경험할 수 있게 해주기 때문이다.

그리고 위트에 대해 죄의식을 느끼지 않는 이유는 위트에 포함된 재치 있는 인지적 계략에 의해서 양심이 잠시 혼란에 빠지기 때문이며, 위트가 그러한 공격적 주제와 성적 주제를 담고 있다는 사실조차 의식적으로 자각하지 못하기 때문이다.

프로이트가 제안한 두 번째 범주는 그가 '유머'라고 지칭한 유일한 것으로 스트레스 상황이나 혐오적 상황에서 일어나는 것이다. 이

상황에서 사람들은 정상적으로 공포나 슬픔 또는 분노와 같은 부정적 정서를 경험하지만, 상황 속에서 재미나 부조화를 지각함으로써 그 상황을 바라다보는 관념을 바꾸게 되고 그러한 부정적 정서의 경험을 피하게 된다는 것이다.

위트와 유머가 언어적인 것인 반면에, 프로이트의 세 번째 범주인 '희극(comic)'은 시끌벅적한 코미디, 서커스 광대, 바나나 껍질에 미끄러지는 허풍쟁이와 같은 비언어적 환희의 출처였다.

그는 희극이 자신이나 다른 사람의 유아적 행동에 의한 즐거운 웃음을 동반한다고 제안하였는데, 이것을 '아동기에 상실했다가 다시 획득한 웃음'이라고 했다.

불합치 이론

불합치가 유머의 토대라는 생각은 지난 250여 년에 걸쳐 많은 철학자들과 심리학자들이 주장해 온 것으로 불합치의 지각이야말로 어떤 것이 유머러스한 것인지 여부에 대한 핵심적 결정 요인이라고 봤다.

즉 웃기는 것은 조화롭지 않거나 놀랍거나 색다르거나 예외적이거나 아니면 우리가 정상적으로 기대하는 것과 다른 것이다.

독일 철학자 쇼펜하우어는 '모든 경우에 있어서 웃음의 원인은 단지 하나의 개념과 그 개념을 통해서 어떤 관계가 있다고 생각되었던 실제 사물들 간에 불합치를 갑자기 지각하는 것에 있으며, 웃음 자체는 이러한 불합치의 표출일 뿐이다'라고 언급하였다.

유머에 수반된 인지적 요소들을 정리하면서 《행동요법과 신경증》을 쓴 영국 심리학자 한스 아이젱크는 '웃음은 객관적으로 경험하는 모순되거나 불합치된 생각이나 태도 또는 기분이 갑작스러운 통찰에 의해서 통합되는 것에서 초래된다'고 하였다.

일반적으로 어떤 형태이든 불합치가 유머의 필요조건으로 간주되지만, 모든 불합치가 재미있는 것이 아니기 때문에 불합치 자체만으로 충분한 것은 아니다.

예를 들어 보도를 걸어가다가 차에 치이는 것은 불합치이지만 재미있는 일은 아니다. 불합치 이론에 따르면 농담의 재미는 급소 문구가 의외성 즉 '뜻밖인 정도' 또는 '놀라운 정도'에 달려 있다.

반전 이론

실제로 유머는 유희적이고 심각하지도 않은 활동이다. 놀랍게도 이전의 이론들은 유머의 놀이적 본질을 거의 인식하지 못했으며, 놀이로서의 유머라는 생각은 심리학자 마이클 앱터가 제안한 유머 이론에서 명시화하고 있다.

그는 유머를 경험하려면 마음이 '놀이 상태'에 있을 필요가 있다고 했다. 그에 따르면 놀이는 마음의 상태, 세상을 관조하고 생존하는 방법, 그리고 그 세상 속에서 행하는 자신의 행위를 향한 특수한 마음 갖춤새이다.

그는 심각한 행위에 기초하는 목표지향적 상태인 텔릭(telic) 상태와 구분하기 위해서 마음의 놀이들을 활동지향적 상태, 즉 파라텔릭(paratelic) 상태라고 하였다.

★ 사람들은 유머 사건을 접하기 전에 이미 놀이적 틀에 들어 있거나, 아니면 유머 사건 자체가 사람들을 파라텔릭 상태로 전환시킨다. 그렇기 때문에 '반전 이론'이라는 이름을 붙인 것이다.

공포영화가 인기 있는 것에서도 증명되듯이 파라텔릭 상태에 있을 때에는, 정상적이라면 부정적인 정서도 흥미진진하고 재미있는 것으로 우리는 경험할 수 있다. 유머도 파라텔릭 행위로서 각성의 즐거움을 수반한다.

맛있는 유머

> 나폴레옹은 자신의 말을 보도한 신문을 읽으며 뒤로크 장군에게 말했다. '이보게, 뒤로크! 간신은 하늘이 내린 특별한 재능을 지닌 사람이라는 걸 인정하지 않을 수가 없어. 이 자들은 다른 사람들보다 두 배를 보고, 아무도 한 적이 없는 말을 듣는 작자들이거든. 자네에게 솔직히 말하면, 이 자들은 내가 한 말이라면서 기막힌 연설을 늘어놓았지만, 나는 이 중에서 단 한마디도 입 밖에 꺼낸 적이 없어.'

5 유머의 프레임

심적 놀이이다

유머와 놀이 간에 많은 유사성이 있다.

유머와 놀이는 모두 즐겁고 둘 다 '만약에'라는 태도가 수반되며, 어떤 심각한 목적 없이 자체로 즐기며, 신뢰하는 사람들과 함께 하는 안전한 상황에서 일어난다.

유머와 놀이가 밀접하게 관련되었다고 하더라도 둘이 똑같은 것은 아니다.

어머니의 멋진 드레스를 입고 하이힐에 립스틱을 칠한 어린 여자 아이가 즐거운 놀이에 몰입할 수는 있지만, 이것이 반드시 유머러스하거나 재미있는 상황이 되는 것은 아니다.

그렇지만 아이가 드레스를 뒤집어 입고 구두를 손에 끼우고 립스틱으로 광대 얼굴을 그린 후에, 자신의 모습이 재미있다고 느끼면서 다른 사람들도 자신을 보고 웃을 것이라고 기대하게 될 것이다.

따라서 유머에는 놀이적 태도와 아울러 정상으로부터 상당히 벗어난 불합치, 기이함, 과장, 또는 일탈 등이 수반된다. 그래서 농담하기는 심적(心的) 놀이, 말놀이라고 할 수 있다.

보다 보편적 견지에서 볼 때 유머를 놀이로 간주하는 견해는 유머가 심각한 사고 모드와는 다르게 심각하지 않은 놀이적 행위라는 사실을 생각나게 만든다.

한 사람이 유머를 하면, 듣는 사람도 맞장구치며 대응해서 더 재미난 이야기를 하려고 한다. 이와 같이 농담을 하는 사람이나 듣는 사람은 모두 놀이적 행위에 협력하고 있으며, 그 행위에서 이야기 속에 불합치 요소를 도입함으로써 사건의 다중 해석이 재미있는 방식으로 활성화되고 정교화된다.

유머는 역설적이다

유머의 의외성이란 일종의 허를 찌르는 기습과도 같은 것이다. 유머에는 '웃겨 보아야지' 하며, 비판하거나 숙고하기 전에 상대방의 마음을 파고들어가는 계략이나 꼼수가 개입이 되어 있다. 상대가 아는 이야기라고 생각하며 순순히 몰입하는 순간 방향을 바꿔 엉뚱한 메시지를 덥석 던진다.

그 엉뚱한 메시지는 허를 찌르는 역설적인 것이 대부분이다. 언뜻 보면 진리와 모순되는 것 같으나 사실은 그 속에 일종의 진리가 있는 말을 역설이라고 하지 않는가.

유머를 통해 우리가 아는 일상적 상식, 교리, 진실이 뒤집힘을 음미하며 반전을 맛보게 한다. 유머의 역전(펀치라인)은 바로 그 찰나에서 나온다.

문학의 시적 표현 중에 힘있게 감동을 주는 표현법으로 역설법이나 반어법이 많이 사용된다.

시인 김소월은 '그리워하다 잊었노라'고 노래하고, 만해 한용운은 '님은 갔지만 보내지 않았다'고 노래했다. 사랑을 해본 사람이라면, 아니 전혀 해보지 못한 사람이라도 이 노래의 절절함과 진실함을 느낄 것이다.

시적 표현만이 아니다. 유머에도 극과 극은 통한다고 했다. 여기에 통쾌함을 주는 해학의 묘미가 있기 때문이다.

유머 또한 극과 극 사이에서 생성된다. 유머는 뒤집는 것이다. 뒤집어놓은 것이 윤리적으로 타당하고 시대적으로 온당한지 따지기 이전에 유머의 역설적 힘을 스스로 음미한다. 웃음은 가벼운 것이 분명하다. 하지만 그 가벼움이 일상에서 느끼는 참을 수 없는 존재의 무거움을 벗어나게 하는 에너지가 된다. 그리고 삶의 지혜가 된다.

그 예들을 쉽게 찾을 수 있는 것이 '탈무드'이다. '탈무드'에는 웃음을 자아나게 하는 삶의 지혜로움이 담겨 있다.

유머의 주제와 내용

'산초, 내 생각에 진실하지 않은 속담은 없어. 왜냐하면 속담은 모든 과학의 어머니라 할 경험, 그 자체에 토대한 관찰이 전부거든' 세르반테스의 '돈키호테'에 나오는 말이다.

유머의 주제들은 긴장과 갈등, 그리고 불안과 연합된 것들이다. 문답이나 수수께끼 형식으로 구성된 농담이 많고, 당대의 금기 사항과 저항 정신이 담겨 있는 풍자와 한탄의 소리이다.

남의 결점을 다른 것에 빗대어 비웃으면서 폭로하고 공격하는 것이 풍자. 풍자도 유머의 도구로서 얼마든지 활용이 가능하다. 심각할 정도의 원색적인 사회 풍자가 아니라면 얼마든지 웃을 수가 있는 것이다.

유머는 어리석은 내용의 우화이다.

유머의 세계는 엉터리 이야기를 담은 내용이 많다. 현실에는 전혀 있을 수 없는 이야기들로 꾸며진 '우화(寓話)'이다.

유머용에는 불균형을 유발하는 열등한 인물의 행위 혹은 정서적인 긴장이나 합리적 기대에서 벗어나는 엉뚱한 일 등이 담겨 있기 마련이다.

동화 같은 치기가 있으면서 어처구니없는 과장에 웃음을 일으키게 하는 이야기들이다. 유머 내용에는 픽션인 것과 픽션이 아닌 것이 있다. 물론 픽션인 농담이 많다.

토론 뒤에 마크 트웨인은 '천국과 지옥'의 개념에 대하여 '당신은 어떤 의견을 갖고 계십니까?'라는 질문을 받았다. 그러자 이 유머리스트는 유감스러운 듯이 약간 어깨를 치켜들고 설명하였다 '그에 대한 의견은 말하고 싶지 않군요. 양쪽에 모두 내 친구가 있으니까요.'

유머와 웃음을 동반하는 환희라는 즐거운 정서는 타인의 불행으로부터 재미가 유도될 수도 있고, 어떤 방식으로든 그들에 비해서 자신의 지위를 고양시킬 수 있도록 적극적으로 비하하거나 당황케 하거나 조롱할 수 있는 방법을 찾아 나섬으로써 발생할 수도 있다.

따라서 유머는 비웃거나 깔보면서 놀리는 '조롱하기'를 수반할 수도 있다. 우리의 고전 해학에는 양반을 조롱하고 풍자하는 이야기가 많다. 그래서 유머가 상대를 놀리는 등 공격적이고 심지어 위협적인 방법으로 사용될 수가 있는 것이다.

모순과 놀림의 세계이다

영국 극작가 셰익스피어는 '재담이 성공하고 못하고는 듣는 사람 귀에 달렸지 말하는 사람에 의해 좌우되는 것은 아니다'라는 뼈 있는 말을 남겼다.

유머가 지닌 주제들의 특징은 다음과 같다.

기대(예상)의 배반

모순의 재발견

오해했다는 자각

괴리와 부조화

미국 작가 제임스 터버는 말했다. '개가 인간을 웃기는 일보다는 인간이 개를 웃기는 일이 더 많다. 왜냐하면 두 짐승 중에서 인간이 더 웃기기 때문이다'

가장 풍성한 것이 바보들의 이야기이다. 이밖에도 무지에서 오는 실수, 실언으로 망신당하는 이야기가 빠질 수 없다.

대개 유머에 등장하는 인물(캐릭터)은 괴로운 척해야 한다.

극히 주관적이고 사건도 신빙성이 거의 없지만, 등장인물은 구체적이고 개성적이다. 외모와 행동에 있어서 마치 바보인 것처럼 행동을 하는 모습이 말로 형용되기 때문이다.

정직한 사람의 성공을 흉내 내다가 실패한 유머스런 전래동화가 있는데, 대표적인 모델이 '흥부와 놀부'에서 동생의 성공을 모방했다가 쫄딱 망한 놀부와 같은 유형의 이야기이다.

아마 다음으로 많은 유형이 거짓말이나 슬기로 상대방을 속이고 의도했던 바를 성취하는 유머일 것이다. 앞의 유머와는 달리, 어떤 내기나 시합에서 지혜로 승리를 쟁취하는 비교적 교훈적인 유머도 있다. 우리가 잘 아는 토끼와 거북이의 유명한 이솝우화가 이런 유형에 속한다.

유머 내용에도 픽션이 아닌 것이 있다. 실수담이 대표적이다. 아주 박식하고 똑똑하며 높은 지위에 있는 저명인사가 망가질 때 우리는 신나게 웃어댄다.

짓궂은 농담(pactical joke)은 현실적으로 황당스러운 장면을 연출하여 놀라게 하거나 당황하게 만드는 장난으로 '몰래카메라' 가 대표적인 예이다.

 맛있는 유머

케네디가 대통령 선거를 한창 벌이고 있을 때, 보브 호프가 떤 익살 한 토막. 누군가가 물었다.
'케네디는 왜 나이 많은 존슨을 러닝 메이트로 택한 줄 알아?'
보브 호프의 대답은 명쾌했다.
'그야 케네디가 너무 어려서지. 혼자선 기차도 못 탈 테니 보호자가 필요했던 거야!'
이 방송 장면을 직접 본 '케네디' 도 파안대소까진 몰라도 적어도 피식! 하는 정도는 웃었다고 한다.

웃게 만드는 유머의 기법

기분 좋게 한다

'기분에 죽고 산다' 는 말이 있다.

사람의 마음에 일어나는 여러 가지 감정을 정서라 하며, 정서하면 기분이 바로 연상이 될 것이다.

우리는 처한 상황에 따라 기분이 좋거나 나쁘기도 한다. 대상·환경에 따라 마음에 저절로 생기며 한동안 지속되는 유쾌함이나 불쾌함 따위의 감정이 기분이다.

유머는 유쾌한 기분을 가지게 한다.

유머에 대한 우리의 반응이 단지 지적인 것만은 아니다. 유머를 지각하게 되면, 정도의 차이는 있을지언정 놀라움이나 언제나 즐거운, 유쾌한 정서도 촉발된다.

유머는 본질적으로 특정 유형의 인지과정이 유발하는 정서라고 말할 수 있다. 바꾸어 말하면 유머는 듣는 사람이 그 뜻을 이해하는 과정이 필요하다.

불쾌하거나 화냄과 같은 기분 나쁜 정서들이 사회적 환경과 물리적 환경의 평가로 인해서 일어날 수 있는 것과 마찬가지로 유머도 특정한 평가, 즉 사건이나 상황이 모순적이거나 익살맞거나 즐겁다고 지각함으로써 유발되는 정서반응으로 생겨난다. 따라서 유머가 난해하면 어리둥절할 뿐 웃음이 웃어지지 않는다.

유머와 연합된 즐거운 정서는 흥겹다, 기쁘다, 법석대다, 쾌활하다, 유쾌하다 등과 같은 용어로 묘사되는 웰빙 감정이다. 이를 17세기 영국의 철학자 토마스 홉스가 '갑작스러운 승리감'이라고 비유했다.

유머가 유발하는 정서를 이견이 있지만, 마틴 교수는 환희(mirth)라고 하였다.

《옥스퍼드 영어사전》에는 환희가 '즐거운 감정, …… 기쁨, 행복 ; 익살이나 웃음으로 표출되는 마음의 명랑성 ; 유쾌함, 법석댐'으로 정의되어 있다.

그렇다면 환희는 유머를 지각함으로써 유발되는 독특한 정서이다. 다른 정서(기쁨, 사랑, 슬픔, 공포)와 마찬가지로 환희는 미약한 즐거운 감정에서부터 기뻐 날뛸 정도에 이르기까지 다양한 강도에서 일어날 수 있다.

심리학적으로 말하면 특정한 시간에 유머라는 자극에 대한 반응의 세기, 즉 웃음이나 즐거워하는 정도는 사회맥락(안전하다는 느낌,

웃고 있는 다른 사람의 존재 등), 현재의 기분(유쾌 대 우울 상태,), 건강 상태, 피로 수준, 알코올의 주입 유무, 그리고 전반적인 유머 감각과 같은 다소 항구적인 성격 같은 다양한 요인들에 의해서 증감할 수 있다. 그래서 똑같은 유머를 들어도 덤덤한 사람이 있는가 하면 박장대소하는 사람도 있다.

한편으로 유머는 다른 정서와 마찬가지로 환희라는 독특한 주관적 감정과 함께 생리적 변화를 가지고 오는 성분도 있다.

일의 중압감이나, 삶의 무게를 덜어주는 환희 정서에 수반되는 생물학적 기제들은 유머와 웃음이 건강에 도움을 준다는 최근 주장의 토대가 되고 있다.

웃음은 야누스이다

웃음학(gelotology) 연구진들은 유인원과 인류가 공통의 조상을 가진 친척이므로, 인간의 웃음이 '간지럼'에서 진화되었다고 주장하고 있다.

어린이에게 간지럼 태우기는 일종의 놀이이다. 아이들은 서로 간지럼을 태우는 놀이를 하면서 웃는 능력을 갖게 됐다고 한다.

《종의 기원》을 쓴 생물진화론자 찰스 다윈이 《인간과 동물의 정서 표현》에서 지적한 바와 같이, 웃음은 본질적으로 정서(기분) 표현이며, 상대방에게 특정한 정서를 전달하는 방법이다. 즉 웃음은 사람들이 광범위한 긍정적 정서와 부정적 정서를 전달하는 데 이용할 수 있는 행동패턴의 하나라고 했다.

이야기를 하다가 상대가 웃는다고 할 때, 우리가 하는 말에 대해 뜻을 안다는 반응으로 웃는지, 기분이 좋아져서 웃는지, 가소롭다고 웃는지를 탐색해야 한다.

웃음은 경우에 따라 애매모호하게 해석될 때도 많다. 말이 없어도 상대가 좋아서 웃는 경우도 있으며, 의례적으로 웃는 정치인의 웃음과 같이 의전용 웃음도 있다.

웃음은 크게 기쁘고 즐거워서 웃는 웃음이 있는가 하면 반면에 비웃고 조롱하는 웃음도 있다. 그래서 웃음은 이중인격자요, 야누스로 표현하기도 한다.

★ 웃음에는 의성어나 의태어가 많다.

유쾌하게 웃는 모습을 홍소(哄笑), 대소(大笑), 가가대소(呵呵大笑), 파안대소(破顔大笑), 폭소(爆笑)라고 표현한다. 반면에 남을 조롱하거나 깔보는 모습을 비소(鼻笑), 기소(譏笑), 조소(嘲笑), 냉소(冷笑), 가소(假笑), 실소(失笑)라고 표현한다.

웃음은 온몸의 각 기관을 움직이게 하며, 박장대소로 웃는 모습은 손뼉을 치면서 크게 웃는다는 것이다. 또 홍연대소하거나 큰소리로 껄껄 웃기도 한다.

웃음에는 다양한 얼굴표정(입 크게 벌리기, 눈 감기, 치아 보이기, 찌푸리기), 발성(헐떡이기, 비명 지르기), 신체동작(떨기, 주먹 흔들기), 발성패턴의 변화(외치기, 흐느끼기) 등이 따르게 된다. 심지어 어떤 사람은 웃다가 옆에 있는 사람을 가볍게 때리는 사람도 있다.

웃음의 대인관계 기능

예로부터 우리 사회는 아무데서나 함부로 웃는 것이 터부시되어 왔다.

웃음을 본질적으로 공격성의 형태로 간주하는 철학적 개념은 아리스토텔레스에까지 거슬러 올라가는데, 그는 웃음이 항상 다른 사람의 못생김이나 기형에 대한 반응이라고 믿었다. 다만 그는 웃음의 대상이 연민이나 분노와 같은 다른 강력한 정서를 야기할 때에는 웃음이 나타나지 않는다고 생각했다.

이런 아리스토텔레스의 오랜 전통에 따라 17세기 영국 철학자 토마스 홉스는 웃음을 우월감이나 갑작스러운 승리감에 근거하여 다른 사람의 열등성을 지각하게 만드는 것으로 간주하였다.

이와 같이 18세기 이전까지는 대부분 웃음을 전적으로 부정적 용어로 간주하였다. '함께 웃는 것'과 '조롱하는 것'의 구분 없이 모든 웃음은 누군가를 놀리는 것에서 유래한다고 믿었기 때문이다.

그래서 대인관계에서 웃는 것이 터부시되어 왔다.

웃음에 대한 견해와 행동은 그 시대를 지배하던 사회 규범을 반영한다. 물론 오늘날에는 유머와 웃음이 환영할 만한 것일 뿐만 아니라, 거의 모든 사회적 상황에서 적극적으로 권장되고 있다. 웃음이 해방된 것이다.

여러 연구 자료에 의하면 사람들이 혼자 있을 때보다 다른 사람과 함께 있을 때에 웃을 가능성이 무려 30배나 된다고 한다. 의사소통을 할 다른 사람이 없다면 웃을 이유가 없는 것이다. 이것이 바로 웃음소리가 크고 독특하면서도 쉽게 인식할 수 있는 소리의 집합으로 구성되며, 혼자 있을 때는 거의 나타나지 않기 때문이다. 따라서 웃음은 근본적으로 사회적 행동이라고 학자들은 지적했다.

우리의 얼굴에 나타나는 웃음은 기분의 표시이다.

얼굴 찡그리기, 험악한 표정하기, 고함 지르기, 그리고 주먹 쥐기 등이 분노의 정서를 알려 주는 것과 마찬가지로, 웃음은 본질적으로 즐거움이나 환희를 경험하고 있다는 사실을 표현하거나 상대에게 알려 주는 방식이자 표시이다.

즉 웃음의 일차 기능은 상대에게 친근감과 놀이의 의도를 나타내는 신호이며, 심각하지 않은 심리상태에 있다는 사실을 나타내는 의사소통의 신호인 것이다.

아울러 친근감 있는 야유에 수반된 웃음은 겉으로 보기에 모욕적인 메시지를 심각하게 받아들이지 말라는 신호를 보내는 것이기도 하다.

감정을 전염시킨다

진지한 대화에서는 서로가 긴장하기 마련인데 유머로서 긴장감을 해소하며 대화의 분위기를 바꿀 수가 있다. 이런 현상에 대해 몇몇 심리학자들은 웃음이 상대방에게 인지적 정보를 전달할 뿐만 아니라, 더 나아가서 상대방의 긍정적 정서를 유도하고 강화시키는 기능도 담당함으로써 행동에 영향을 미치며 웃고 있는 사람을 향한 호의적인 태도를 촉진한다고 했다.

이 견해에 따르면 웃음의 특정한 소리는 듣는 사람에게 직접적인 효과를 미쳐서, 웃는 사람의 정서 상태를 반영하는 정적인 정서적 각성을 유도하게 되는데, 아마도 특정한 두뇌회로를 활성화시킴으로써 이루어지는 것으로 보인다.

상대방의 환희를 유도하는 수단으로서의 웃음이라는 이 견해는 웃음이 왜 그토록 전염적인 것인지를 설명하는 데 도움을 준다. 다른 사람이 진심으로 웃는 소리를 들을 때 같이 웃지 않기는 사실상 매우 어렵다.

다른 사람의 웃음소리를 듣는 것은 이러한 긍정적 정서를 유발하며, 이것이 다시 우리를 웃게 만든다.

웃음으로 인한 생리적 반응

　환희의 행동적 표현이 웃음이다. 환희의 정서가 일차적인 것이고, 웃음(미소와 함께)은 정서의 표출이다. 웃음이 표출하는 환희의 정서는 장난인 '놀이'와도 밀접하게 관련이 있다. 유머는 장난기의 발동도 입에서 나온다.
　아동 초기에 나타나는 많은 웃음은 까꿍 놀이와 같은 불합치적인 놀이행위뿐만 아니라 달리기, 술래잡기, 그리고 뒹굴며 하는 놀이와 같은 신체적 놀이 행위와 연합된 유쾌함을 표현하는 것으로 간주할 수 있다.
　모든 정서와 마찬가지로 환희도 행동적, 생리적, 그리고 경험적 성분을 가지고 있다. 유머가 동반하는 환희는 웃음과 미소라는 표현 성분을 가지고 있다. 웃음은 크고 특징적인 '하하하' 소리 이외에도 독특한 얼굴 표정으로도 특징지을 수 있는데, 이 표정은 미소와 상당히 닮았다.
　이러한 정서적 얼굴표정은 웃음이 의사소통 신호로 기능한 또 다른 방법이다.
　웃는 모습은 다양하고 그 모습을 그리는 의태어도 웃음의 세기에 따라 다르다.
　미소와 웃음은 서로 다른 진화적 뿌리를 가지고 있다는 증거가 있기는 하지만, 인간에게 있어서 둘은 매우 밀접하게 관련되어 있으며, 정서적 강도라는 연속선에 위치하고 있다. 정서가 강력할수록 그 표출도 강력해진다.

웃음과 미소에는 동일한 얼굴 근육들이 수반되는데, 미소보다는 웃음에서 보다 강력한 근육 수축이 오랫동안 일어난다. 미소와 웃음의 밀접한 연관성은 전형적으로 웃음은 미소로 시작하며, 웃음이 끝난 후에는 점차적으로 다시 미소로 되돌아간다는 사실에서도 명백하게 나타난다.

강도가 낮을 때에는 환희가 희미한 미소로 표현되며, 정서적 강도가 증가함에 따라서 넓게 퍼지는 미소가 된 다음에, 소리가 나는 낄낄거림과 웃음으로 변하기 때문이다.

강도가 상당히 증가하게 되면 큰 소리의 너털웃음으로 표출되며, 고개를 뒤로 젖히고 몸을 흔들며, 허벅다리를 때리는 등의 신체동작뿐만 아니라 얼굴에 홍조를 수반하기 십상이다.

웃음의 발성과 음향

웃음을 인간의 다른 행위와 가장 현저하게 구분시켜 주는 특징은 방출되는 크고 독특한 소리다.

웃음소리의 기능은 자신의 즐겁고 놀이적인 정서 상태를 상대방에게 전달하고 동시에 듣는 사람에게서 동일한 정서 상태를 유도하려는 것이다.

최근 학자들은 웃음의 '음향학(음성의 속성)'을 연구하기 시작하였다. 이 연구에서는 인간의 웃음을 디지털 방식으로 녹음하고는 컴퓨터 기반 스펙트로그래프 기법을 사용하여 음파 형태, 주파수 패턴, 그리고 다른 음향학적 특징들을 분석했다.

이러한 연구에서 분석 단위는 일반적으로 한 번의 웃음 동안에 이루어지는 '하-하-하' 소리였다. 이러한 웃음 사건을 '웃음 한 판(laughter bout)'이라고 부르며, 개별적인 '하' 음절을 콜(call), 노트(note), 또는 펄스(pulse)라고 부른다.

이 분석의 결과를 보면, 평균적으로 각 웃음 한 판은 네 개의 콜로 구성되는데, 그 수는 상당히 가변적이어서 하나에서부터 열여섯 개까지 걸쳐 있기는 하지만, 전형적으로는 여덟 개를 넘어서지 않았다고 한다.

★ 놀랄 것도 없이, 남성 웃음의 기본 주파수는 평균적으로 276Hz으로 여성의 것(502Hz)보다 낮았는데, 이것은 남성 목소리의 낮은 음고(pitch)를 반영한 것이다.

독특한 웃음소리를 만들어 내기 위해서 우리는 호흡을 제어하는 수많은 근육, 후두, 그리고 발성기관을 사용한다. 인간의 정상적인 호흡주기는 들숨, 들숨 휴지기, 날숨, 그리고 날숨 휴지기로 구성된다.

웃음은 전형적으로 처음의 강력한 날숨으로 시작하는데, 이것은 허파의 부피를 기능적 잔기량(정상적인 날숨 후에 남아 있는 부피) 이하로 떨어뜨린다.

그런 다음에 일련의 반복적이고 신속하며 얕은 날숨이 뒤따르게 되는데, 이것에 발성이 수반되면 웃음의 '하-하-하' 소리가 만들어진다.

이러한 날숨 웃음 한 판이 끝나게 되면 허파는 잔기량에 도달한다. 따라서 웃음은 전형적으로 적은 허파 부피에서 발생하며, 정상적인 호흡 때보다 더 많은 공기를 허파에서 밀어낸다.

웃음 한 판 뒤에는 신속한 들숨이 일어나서 허파를 정상적인 부피로 되돌리게 된다. 그런 다음에 또 다른 웃음 한 판이 뒤따를 수 있다. 이렇게 이례적인 날숨의 양으로 인해서 웃음은 상당히 증가한 호흡 강도를 초래하는데, 정상적인 호흡 때보다 2.5배나 강력한 것이다.

 맛있는 유머

우리 선조의 유머 실력도 대단했다. 그 대표적 유머가 오성과 한음의 스토리이다.

오성 이항복은 어려서 대장간에 놀러 다니면서 대장장이가 만들어 놓은 정(釘)을 하나씩 궁둥이에 끼어다가 모아 놓았다. 정이 하나씩 없어지자 대장장이는 오성의 장난인 줄 알고 불에 달군 정을 맨 위에 놓아 오성의 볼기짝을 데이게 하였다.

뒷날 대장장이가 곤궁하게 되자 오성은 모아 놓았던 정을 도로 주어 곤궁을 면하도록 하였다고 한다.

나를 바꾸는 유머 화술의 지혜

말은 내 몸 안의 기억에서 나오는 것이지만, 문자는
내 몸 밖에 있다.   - 소크라테스

언어는 존재의 집이다.   - 샤르트르

웃지 않는 사람은 가게 문을 열지 마라. - 중국 속담

웃음은 날개 없는 천사이다.   - 저자 민영욱

2

유머 센스와
유머 스타일을 키워야
제대로 된 유머를 한다

1

유머 센스를 키워라

유머 센스를 키워라

'저 사람은 유머 센스가 있어! 재미난 사람이야' 우리는 재미있게 말하며, 재치 있는 사람을 이렇게 표현한다.

표현의 자유를 만끽하고 있는 지금 모든 사람들은, 자신이 좋은 유머 센스를 가지고 있다고 믿고 싶어 하지만, 실제로 유머 감각을 정확하게 알고 있는 사람은 거의 없다. 유머 센스란 무엇인가에 대해서는 그 개념이 어떻게 서양에서 변화하여 왔는지를 살펴보면 조금은 이해가 빠를 것이다.

18세기와 19세기 초에 영국의 철학자들은 다양한 심미적이고 도덕적인 '감각'이라는 개념을 발전시켰는데, 특정한 대상의 자질을 식별하거나 판단하는 정제된 민감성이나 능력으로 간주하고 미적 감각 · 유머 감각 · 품위 감각 · 도덕 감각, 그리고 상식을 들었다.

'조롱 감각'이 우스꽝스러운 대상에 대한 민감도를 기술하는 초기의 표현이었지만, 19세기 중엽에는 '유머 센스'로 대치되었다.

1870년대에 유머 센스는 오늘날과 같이 매우 바람직한 의미를 획득하면서 중대한 미덕이 되었다. 누군가가 유머 센스를 가지고 있다고 말하는 것은 그 사람의 인품에 대한 긍정적인 평가를 하는 것이 되었다.

반면에 누군가가 유머 센스가 없다고 말하는 것은 그 사람에 대해서 말할 수 있는 최악의 표현으로 간주되었다.

20세기를 거치면서 유머 센스의 개념은 항상 다른 사람을 웃게 만드는 능력 또는 감흥과 웃음의 즐거움이라는 생각을 담고 있었지만, 일련의 보편적인 '바람직한 성격 특성'이라는 부가적 의미가 첨가되었다.

그래서 누군가에게 유머 센스가 없다고 말하는 것은, 그 사람이 지나치게 심각하거나 광신적이거나, 아니면 이기적이면서 융통성 없는 기질을 지닌 극단주의자임을 의미하게 되었다.

1930년대에 이르러서는 많은 심리학자들이 유머 센스를 정신건강의 필수 성분으로 간주하였다.

그래서 유머 센스를 가지고 있다는 것은 안정되고 적응적이며, 스트레스에 대처할 능력이 있고 자제심이 있으며, 우호적이고 화를 잘 내지 않으며, 대범하다는 것과 동의어가 되었다.

20세기가 끝날 무렵부터는 유머와 웃음이 본질적으로 박애적일 뿐만 아니라 정신 건강과 신체 건강의 중요한 요인으로 간주되었다.

유머 센스의 범위

유머 센스의 변천과정에서 보듯이 유머 센스를 보는 관점은 시대의 흐름에 따라 그 의미가 확대되었다.

루이스 옴웨이크가 말한 바와 같이, 유머 센스는 너무나 포괄적이고 높게 평가되기 때문에 '그는 대단한 유머 센스를 가지고 있다고 말하는 것은 지적이고 운동을 잘 하며, 나는 그를 무척이나 좋아한다'고 말하는 것과 거의 같다.

일반적으로 사람들은 유머 센스를 단지 유머를 만들어 내거나 즐기는 경향성을 넘어서 중요한 성격의 특성으로 간주했다.

즉 사람들이 상대방을 특징짓는 경향을 보이는 주요 차원 중의 하나이며, 적극적인 사회활동이나 친구나 연인과의 관계가 바람직하게 형성된다.

조사 연구에 의하면 유머 센스가 높은 사람들은 대부분 다정하고 명랑하며, 협조적이고 재미있으며, 상상력이 우수하고 창의적이다. 또 현명하고 칭찬할 만하며, 지적이고 예리하며, 불평불만하지 않고 냉담하며, 인색하지도 않고 수동적이다고 일반인들은 평가한다.

이와 동시에 보다 충동적이고 잘난 척하며, 침착하지 못하고 미성숙하다고도 평가하는데, 이것은 유머 감각의 개념이 다소 바람직하지 않은 특성도 가지고 있다는 것을 의미한다.

결론적으로 우리들은 평균 이상의 유머 센스를 가지고 있는 사람은 평균 이하인 사람에 비해서 정서적으로 안정되고 외향적이며, 경험에 개방적이고 쾌활하며, 비교적 양심적인 것으로 느끼고 있는 것이다.

스트레스와 유머

정신건강을 해치고 생활의 생산성을 떨어뜨리는 것이 스트레스이다. 스트레스에 대처하는 방법 중에 유머를 활용하는 것은 좋은 방법 중의 하나일 수가 있다.

실제로 어느 누구도 완전하게 심리적으로 건강하거나 건강하지 않다는 것이 아니기 때문에, 대부분의 사람들은 상이한 시점과 맥락에서 나름대로의 유머를 사용할 수도 있다.

스트레스에 대처할 때에 자신과 상대방의 광의적인 심리적 욕구에 민감한 방식으로 유머를 사용하는 사람들은 장기적으로 증진된 자기존중감과 정서적 웰빙, 그리고 타인과의 보다 만족스러운 관계를 경험할 가능성이 크다고 학자들은 주장한다.

반면에, 만일 자신의 긍정적 정서를 일시적으로 상승시키고 야유나 지분거림 또는 다른 유형의 공격성 유머를 이용하여 상대방을 희생시켜 가면서 스트레스 경감을 위해 유머를 사용한다면, 장기적으로 대인관계의 어려움과 갈등, 그리고 다른 사람들로부터 고립되었다는 일반화된 감정으로 이끌어갈 수도 있다.

1960년대 후반 영국 노동당 출신의 해럴드 윌슨 수상이 관저에서 차를 타다가 물가 앙등에 항의하는 시민이 던진 달걀 한 개를 맞는 사건이 일어났다.
고발해야 한다는 측근의 말에, '여보게, 고발은 무슨 고발인가. 내가 정치를 잘해 요즈음 달걀 값이 떨어진 모양인데……' 라고 답하므로써, 지지율이 상승했다는 일화가 있다.

마찬가지로 만일 자신을 심리적으로 희생시켜 가면서 상대방에게 아첨하기 위해서 지나치게 비하하거나 문제의 근본 원인에 건설적으로 대처하는 것을 회피하는데 유머를 사용하게 되면, 일시적인 웰빙감은 가져올 수 있을지 모르겠으나 장기적으로는 건강하게 기능하지 못하는 대가를 치르게 될 수도 있다.

시인 커밍스는 '가장 헛되게 보낸 날은 웃지 않은 날' 이라고 했고, '웃으며 보낸 날은 신과 함께 보낸 날' 이란 이웃나라 격언도 있다.

만족스러운 대인관계를 유지하고 심리적으로 잘 적응하는 사람은 자신의 웰빙과 타인과의 친밀감을 증진시키는 방식으로 유머를 사용하는 경향이 있다.

이런 사람들은 스트레스 상황에 대한 낙관적 관점을 전달하거나 스트레스를 받고 있는 상대를 격려하거나, 아니면 논쟁 중에 주제 뒤에 숨어 있는 인정과 애정을 표현하기 위해서 다정한 농담을 할 수 있다.

그렇지만 공격적이고 적대적이거나 자기존중감이 낮고 부정적 정서에 취약한 사람들은, 자신의 공격성과 야유를 전달하고 상대방을 조종하거나 깔아뭉개며 자신의 진정한 감정을 숨기기 위해서 유머를 사용하는 경향이 있다.

유머 센스와 창의성

지금은 창의력이 있는 사람이나 창의성 있는 기업이 앞서 나가는 시대이다. 그래서 초등학교 교육부터 부모들은 창의력을 키워 주려고 애를 쓰고, 기업들은 실패해도 좋으니 창의력을 발휘하라고 한다.

상당히 많은 연구들이 유머 센스와 창의성 간의 관계를 고찰하였는데, 어느 정도의 관계가 존재한다는 사실을 보여 주었다. 상당한 유머 센스를 가지고 있는 사람은 다른 영역에서 보다 창의적 경향이 많다는 것이다.

실제로 많은 창의성 연구자들은 유머를 창의성의 한 유형으로 간주한다. 유머와 창의성에는 모두 조망의 전환, 즉 사물을 바라보는 새로운 방식이 수반된다는 것이다.

꽉 막힌 곳 또는 틀에 매인 곳에서는 유연한 사고를 할 수가 없다. 유머가 창의성에 영향을 미칠 수 있는가에 대하여 세 가지 방법이 있다.

첫째, 어울리지 않은 유머에 수반된 유연한 사고 과정과 창의성이 요구되는 유연하고도 확산적 사고를 촉진시킬 수 있다.

둘째, 유머와 연합된 긍정적 정서(환희)가 긴장과 불안을 감소시킴으로써 경직되지 않은 사고, 그리고 일치하지 않는 것들을 관련짓고 통합시키는 능력의 증진을 초래할 수 있다.

셋째, 직접적인 것은 아니지만 새로운 것을 찾으려고 하는 의욕을 갖게 한다는 점을 지적할 수가 있다.

기업에서 펀(fun)경영을 도입하는 목적 중에 이런 세 가지 점을 고려하는 목적도 있다.

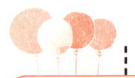
맛있는 유머

변명

학기말 시험을 엉터리로 치르고 돌아온 온달이는 며칠 뒤 학교로부터 통지문을 받았다. 진급이 불가하니 1년 더 공부를 하라는 것이었다. 온달이는 천연덕스럽게 아버지께 말했다.
'아버지, 제 인기가 아주 좋은 모양입니다. 선생님도 감격하셨는지 1년만 더 머물러 달라고 하네요.'

남자와 여자의 다른 유머 전략

서로 다른 유머 선호 스타일

현대에 들어서 여성 운동이 출현하기 이전만 해도 유머는 남성이 농담하고 지분거리며 낄낄거릴 가능성이 큰 반면, 여성은 스스로 유머를 만들어 내기보다는 경청하며 듣는 편이었다.

> '여자이기 때문에 커다란 위안은 늘 실제보다 더 멍청한 척할 수 있고, 그래도 아무도 놀라지 않는다는 것이다' 라고 프레야 스타크 (영국 작가, 여행가)가 빗대어 유머를 했지만, 남자보다 우월적 지위에서 느끼는 표현이 아닐까 한다.

그리고 유머에 대해서도 일반적으로 남성이 여성보다 공격적이고 성적 주제를 담은 유머를 즐긴 반면에, 여성은 '난센스(비의도적인)' 유머를 즐겼다.

또 남성과 여성 모두가 남성을 표적으로 하는 농담보다는 여성을 놀려먹는 농담을 즐겨 왔다.

> 요즘은 남자의 우월사상은 사라졌다. 오히려 역전되지 않았나 싶다. 남자들이 여자 눈칫밥을 먹고 산다. 그래서 다음과 같은 유머가 나온다. '예전에는 남자인 것이 성공의 기회였는데, 요즘에는 남자인 것이 극복해야 할 문제이다' 미국의 작가겸, 방송인 개리슨 케일러가 한 말이다.

여성들의 활동이 두드러진 최근의 심리학 연구들에 의하면, 여성과 남성이 유머를 만들어내고 즐기는 전반적인 경향성에서는 차이가 없으며 유머 사용에서 많은 유사성이 존재하지만, 다만 남성과 여성은 다소 다른 사회적 목적을 위해서 유머를 사용하는 경향이 있을 뿐이다.

남성과 여성은 대화에서 다른 목표를 가지고 있으며, 여성에게 있어 다정한 대화의 일차적 목표는 친밀감인 반면에, 남성의 목표는 긍정적인 자기표현이었다.

이렇게 상이한 목표는 여성과 남성이 유머를 사용하는 방식이나 경향에도 반영이 된다. 여성은 자기노출과 약간의 자기기만을 통해서 집단 연대의식과 친밀감을 높이기 위해 유머를 사용하는 경향이 강하다.

반면에 남성은 상대방의 관심을 끌고 재미있는 사람으로 보이며, 긍정적인 개인적 정체감을 만들어내기 위하여 유머를 사용하는 경향이 더 강했다.

여성이 남성보다 나쁜 기억을 쉽게 잊는다는 연구결과도 있다. 캐나다 몬트리올대학교 마르크 라보이 교수팀은 '여성이 남성보다 부정적인 일은 잊기 쉽지만 즐거운 기억은 잘 해낸다'고 국제 정신생리학 저널 최신호를 통해 발표했다. 수다스럽게 느껴지는 여성들의 대화는 남성들의 대화보다 훨씬 즐겁고 활기차게 느껴진다.

아줌마들은 우스갯소리도 거침이 없다.

여성들은 나이가 들면서 농담을 많이 하기 시작하는 것은 점점 숙녀답게 보여야 한다는 생각을 덜 갖게 되기 때문이라는 설도 있다. 그래서 '수다'가 많은 아줌마 소리를 듣는다.

유머 센스와 연애

사람들은 유머 센스가 있다고 지각하는 사람에 대해서 긍정적인 고정관념을 갖는 경향이 있다.

이러한 긍정적 고정관념으로 인해서 사람들은 유머 센스를 친구나 연인을 선택하는 기준으로 사용하는 경우가 많다.

여성은 재미있는 남성을 좋아하며, 여성을 유혹하는데 유머만큼 효과적인 것이 없다.

미국에서 700명의 남녀를 대상으로 데이트 상대, 결혼 상대, 동성 친구 또는 이성 친구에서 여러 속성의 선호도에 대한 조사를 실시한 결과를 보면, 모든 관계 유형에 걸쳐서 좋은 유머 센스는 온화함과 개방성과 함께 가장 높게 평가받은 특징 중의 하나라고 한다.

전반적으로 볼 때, 유머와 사회지각, 그리고 매력에 관한 연구들은 사람들이 유머 센스를 보이는 사람들에게 긍정적 태도를 보이는 경향이 있다는 사실이다. 유머 감각이 있는 사람은 일반적으로 다른 긍정적 특성들도 많이 가지고 있는 것으로 받아들여지며, 이러한 특질은 친구나 애인을 선택할 때 아주 바람직한 것이다.

그 이유는 유머 센스를 가지고 있는 사람과 공유하는 웃음을 나누는 이야기는 긍정적 정서나 태도를 강화하고 신뢰감과 충성심을 주입시키며, 친밀한 관계의 발전을 촉진함으로써 상호 간의 매력을 높이는 역할을 담당하기 때문이 아닌가 한다.

유머 센스와 결혼생활

천재 과학자 아인슈타인은 '남자는 결혼하면 둘이서 영원히 변치 않을 것으로 믿고 여자는 둘이서 변할 것이라고 믿고 결혼한다. 그래서 둘 다 반드시 실망하게 된다'라고 유머와 같은 경구를 말했다.

50년 넘게 결혼생활을 유지하고 있는 남성과 여성에게 결혼의 안정성과 지속성의 이유를 물었을 때, '함께 자주 웃는 것'이 조사 목록의 최상단을 차지하였다.

한편 사귀고 있는 사람들과 결혼한 사람들을 대상으로 수행한 연구에서도 관계 만족도가 상대방의 유머 센스에 대한 긍정적 평가와 상관이 있다고 한다.

즉 동일한 유형 내지 취향의 농담을 좋아하는지에 관계없이, 관계에 더 만족할수록 배우자가 좋은 유머 센스를 가지고 있을 가능성이 크다고 한다.

또한 행복한 결혼생활을 하고 있는 사람들은 자신의 결혼 만족도를 부분적으로 배우자와 공유하는 유머에 귀인시키기도 한다.

가화만사성(家和萬事成)에는 유머가 답이다.

부부간에 일상에 일어나는 감정의 마찰을 방지하고 상대를 인정하는 넉넉함을 갖게 하는 부드러운 유머가 생활의 고단함을 삭혀주는 것은 분명하다.

 맛있는 유머

여자 나이와 필요한 것

여자는 18세가 될 때까지는 좋은 부모가 필요하다.
18세에서 35세까지는 매력적인 미모가 필요하다.
35세에서 55세까지는 훌륭한 인격이 필요하다.
그리고 55세 이후에는 많은 돈이 필요하다.

이 유머는 미국의 유명 배우인 소피 터커가 한 것인데, 이를 패러디해서 만든 유사 유머들이 많다.

3 유머 스타일을 만들어라

정신건강과 유머 스타일

찰리 채플린은 인생은 가까이서 보면 비극이고 멀리서 보면 희극이라고 했다. 어느 한쪽으로만 기우뚱한다면 삶을 제대로 접근하는 방법이 아닐 것이다.

현대인의 일상 대화에서 0.6퍼센트 정도가 욕설이라고 한다. 어떤 사람들은 빗대는 표현을 유머라고 잘못 사용해서 서로의 감정과 정신 건강에 마이너스를 주기도 한다.

흥미롭게도 심리학자들은 건강한 유머 센스가 전반적인 정신건강에 중요한 성분 역할을 한다고 하였다. 건강한 형태의 유머가 반드시 극단적으로 재미있어서 낄낄거리는 웃음을 촉발할 가능성이 커야만 하는 것은 아니라고 한다.

미국 존스 홉킨스 병원이 환자들에게 나눠주는 '정신건강' 이라는 책자엔 이런 말이 적혀 있다. '웃음은 몸 안의 조깅(internal jogging)이다' 웃음이 체내에 주는 효과가 그만큼 크다는 뜻이다.

적어도 유머는 단기적으로는 우월감과 통제감과 함께 즐거운 긍정적 감정과 웰빙의 증가를 초래하며, 불안과 우울, 그리고 분노와 같은 부정적 감정의 감소를 가져온다.

또한 유머는 삶의 스트레스 경험의 결과로 초래되기 십상인 부정적 정서, 생리적 각성, 그리고 행동의 손상을 완화시킬 수 있다.

심리학자들은 유머가 단기적으로는 정서를 조절하고 스트레스에 대처하는 유용하면서 정신건강에 이로운 것으로, 일상생활에서 유머를 사용하는 방식에 달려 있다고 한다. 이는 말하는 스타일인 어투(語套)와도 관련이 있다.

★ 링컨 대통령도 우울증을 앓았다. 두 번의 우울증 발작으로 동네 사람들이 미쳤다고 할 정도의 중증이었다. 그 이후로는 고질병이 되었다. 미국의 작가 조슈아 울프 솅크가 쓴 《링컨의 우울증》이라는 책을 보면 링컨은 자신의 우울증을 이해하고 수용했다. 비록 자살을 노래했지만 꺾이지 않았다.
★ 유머로 우울증에 맞섰다. 유머는 무드 스윙과 우울함의 배출구였다. 솅크는 링컨의 위대함은 우울증에서 비롯됐다고 결론 내렸다.

유머의 함의는 다른 사람과 상호작용할 때 '유머를 어떻게 사용하느냐'에 달려 있다. 우리들이 하는 말 중에 상대를 즐겁게 하려고 하는 유머와 같은 특징을 가진 말들은 드물다. 사람들은 타인과의 상호작용에서 다양한 방식으로, 그리고 다양한 목적을 위해서 유머

를 사용한다.

　유머는 다양한 대인관계 기능을 담당하며, 몇몇 기능은 사회적 응집성을 고양시키고 사람들 간의 의사소통을 증진시키는 데 공헌하는 반면, 다른 기능은 보다 강압적이거나 멸시적이거나 아니면 아첨하려는 것이다.

　사람들에게는 개성과 같이 각자 말하는 스타일이 있다. 그 스타일은 사람마다 다르다.

　말하기에 있어서 스타일이란 일반적으로 드러나는 표현양식(패턴；pattern), 즉 말투를 말한다. 사람을 만나 이야기할 때나 유머를 할 때 스타일은 작용한다.

　마틴 교수는 유머 스타일을 네 가지로 구분하여 정신건강에 해로운 것과 이로운 스타일이 있다고 하였다.

해로운 유머 스타일

　정신건강에 해로운 유머 스타일은 '공격성' 유머 스타일과 '자기파괴성' 유머 스타일이 있다.

　공격성 유머(aggressive humor) 스타일은 공격 가능성이 있는 형태의 유머(인종차별이나 성차별 유머)뿐만 아니라 야유, 지분거림, 조롱, 조소, 또는 멸시성 유머와 같이 상대방을 비난하거나 조종하려는 목적으로 유머를 사용하는 경향성이다.

우리들 중에는 이렇게 공격적이고 거만한 방식으로 유머를 사용하는 경향이 있는 사람들도 분명히 있다.

여기에는 사회적으로 부적절할 때조차도 강박적으로 유머를 표현하는 것도 포함된다. 때때로 나는 상황에 적절한 것이 아닐지라도 무엇인가 웃기는 것을 생각하게 되면 말하지 않고는 참을 수가 없다.

자기파괴성 유머(self-defeating humor) 스타일에는 상대방에게 아첨하기 위한 유머의 사용, 자신을 희생시키면서 웃기는 행동을 하거나 말을 함으로써 상대방을 즐겁게 하려는 시도, 지나치게 자기멸시적인 유머, 그리고 조롱당하거나 멸시당할 때 상대방과 함께 웃는 것 등이 포함된다. 이른바 아첨하는 스타일이다.

또한 자신의 숨어 있는 부정적 감정을 숨기거나 문제점을 건설적으로 대처하는 것을 회피하기 위한 방어적 부정의 한 형태로 유머를 사용하는 것도 포함된다.

만일 내가 문제를 가지고 있거나 불행하다고 느끼면, 농담을 함으로써 숨길 가능성이 있기 때문에 가장 절친한 친구조차도 내가 실제로 어떻게 느끼고 있는지를 알지 못한다.

건강한 유머 스타일

심리적 웰빙과 정적으로 상관될 것이라고 생각되는 두 가지 유머 스타일도 있다.

하나는, 긍정적 대인관계를 증진시키기 위하여 유머를 사용하는 것과 관련되어 있다.

또 다른 하나는, 스트레스에 대처하고 정서를 조절하기 위하여 유머를 사용하는 것과 관련된다. 건강한 유머 스타일인 '유친성' 유머 스타일과 '자기고양성' 유머 스타일이 있다.

유친(제휴)성 유머(affiliative humor) 스타일은 상대방을 즐겁게 하고 관계를 촉진하며 대인관계의 긴장을 완화시키기 위하여 재미 있는 말을 하고 농담을 하며 자발적으로 재담을 늘어놓는 경향성을 지칭한다.

'나는 사람들을 웃기는 것을 즐긴다. 나는 다른 사람들을 웃게 만들려고 애쓸 필요가 없다. 나는 천부적으로 유머러스한 사람인 것 같다.'

그러나 유친성 유머가 때로는 다정하고 친사회적이지만 공격적이 될 위험성도 가지고 있는 지분거리기를 사용하는 것이 될 수 있다는 점을 간과해서는 안 될 것이다.

> 필립공은 영국 여왕을 '나의 양배추'라고 부르는 유일한 사람이다. 이 그리스 왕족은 2차대전 직후 대영제국의 '데릴사위'로 장가오면서 '내가 용감한 건지, 바보인 건지 모르겠다'고 했다고 한다. 여자 쪽으로 기운 결혼이 착잡했을 법하다. 그러나 그는 60년 동안 묵묵히 여왕을 보필했다. 영국 언론은 그가 한 유일한 불평으로 '나는 영국에서 자식에게 성(姓)을 물려주지 못하는 유일한 남자'라는 푸념을 꼽았다.

자기고양성 유머(self-enhancing humor) 스타일은 삶의 불합치를 자주 즐기며, 스트레스나 역경에 직면하여서도 유머러스한 조망을 유지하며, 정서-조절기제로 유머를 사용하는 경향성을 지칭한다.

'삶에 대한 나의 유머러스한 조망은 사건에 대해서 지나치게 흥분하거나 우울해지는 것을 막아 준다.'

심리학자 프로이트는 유머를 건강한 방어기제 또는 대처 스타일로 간주하였다. 이 자기고양성 유머가 네 가지 유머 스타일 중에서 가장 건강한 스타일인데, 우리는 이런 스타일을 가지도록 노력을 해야 한다. 그래야 대인관계에 있어서 사교는 물론 자신에게 유익하다.

예술적으로 좋은 유머를 하라

상대를 비판할 때조차 최대한 예의를 갖추고 재치 있는 유머로 유쾌한 웃음을 자아내는 것은, 미국, 유럽 등 선진국에선 보편적인 일이다. 그 이유는 비판을 받는 사람은 평상심을 잃게 되고 고민하기 마련인데, 상대의 마음이 덜 아프도록 한 배려가 아닐까 한다. 인정사정없이 공격적인 유머를 하는 우리의 스타일과 다르다.

★ 그레그 나이트 영국 하원 의원은 《품격 있는 모욕》이라는 저서에서 정치인들이 상대를 공격하기 위해 저속한 말을 하는 것은 '그들의 지적 수준과 어휘력이 낮다는 것을 보여줄 뿐' 이라고 지적했다.

인격을 제대로 갖춘 사람들은 상대를 비판할 때는 품격 있는 언어와 어휘를 선택하고 직유법보다 은유법으로 하며, 직설법보다 비유나 유추로 공략한다. 또한 유머와 해학이 있는 말을 하게 되면 여유와 배려의 관계로 이어진다.

서구에서는 유머와 위트가 없는 리더는 성공하기 힘든 반면, 링컨이나 처칠과 같은 유머와 위트가 있는 리더는 성공적인 지도자로 역사에 이름을 남겼다.

우리들은 타인과의 상호작용 특히 대화에서 다양한 방식으로, 그리고 다양한 목적을 위해서 유머를 사용한다. 그런 까닭에 유머는 다양한 대인관계의 기능을 하게 된다. 이 기능이 유머의 힘이라고 할 수 있다.

유머를 '기분을 전환시키는 약(藥)'이라고 한다. 이해타산으로 긴장하는 것을 풀어주는 각성제요, 가슴이 꽉 막힌 상황을 해소시켜 주는 소화제라고 할 수 있다.

그러나 우리나라 사람들은 서구인에 비해 상대를 배려하는 예술적인 유머를 하지 못한다. '빨리 빨리'라는 성질이 급한 국민적 속성 때문이 아닌가 한다.

부시 전 대통령의 부인 로라 부시가 백악관 만찬에서 남편을 헐뜯는 말로 좌중을 웃긴 적이 있다. 남편이 밤 9시면 잠자리에 들기 때문에 자신은 TV드라마의 '위기의 주부'나 다름없으며, 부통령 부인 등과 남성 스트립 바에 놀러간 적도 있다고 한 것이다. 대통령 부인의 느닷없는 '커밍아웃'에 좌중은 한바탕 웃음바다가 됐다.

또한 '우리 남편(부시)은 말(馬)을 좋아하는데 한 번은 말 젖을 짠다고 한참동안 말 젖을 만지고 있었는데, 알고보니 그 말은 숫말이었어요……' 이 발언은 즉흥적인 게 아니라 유머 작가가 써준 대본이었다고 한다.
유머가 넘쳐나는 미국이지만 이처럼 즉흥적인 듯한 말 뒤에 상대의 호감을 끌어내려는 정교한 계산이 담긴 경우가 대부분이다.

유머는 인간의 유대를 넓히고 또 깊게 한다. 인간의 결함이나 모순을 공통의 것으로 나누어 갖고 웃으면서 서로 위로한다. 이때 유머는 따뜻한 웃음이 된다. 감싸는 웃음, 포근한 웃음이 된다.

웃음은 정신건강과 스트레스 해소에도 그만이다. 때로는 유머 한마디가 분노, 불안, 공포를 사라지게 한다. 그래서 '일소일소(一笑一少)'라고 하지 않았는가.

유머를 하려면 좀 더 고안해서 예술 작품으로 만들어서 하라. 그러면 즐거움뿐만 아니라 감동까지 줄 수가 있다. 말은 인격의 표현이다. 예술적인 유머가 당신의 품격을 높여줄 것은 분명하다.

아이스 브레이커가 되라

테크닉은 똑같지만 유머에도 좋은 유머와 나쁜 유머가 있다. 좋은 유머는 상대방과 나 사이에 친밀감을 줘 행복한 일체감을 느끼게 하지만, 나쁜 유머는 상대를 깎아내려 고통과 거리감을 준다.

거대한 권위나 강자에 대한 패러디, 상대의 잘못을 감싸는 배려 있는 유머, 나를 낮추고 상대방을 높이는 유머는 모두를 행복하게 해주는 '아이스 브레이커(ice breaker)'이지만 반여성적 반남성적 빈정거림이나 신체 특성에 대한 비웃음은 '아이스 메이커(ice maker)'가 될 뿐이다.

흔히 유머에 등장하는 인물은 타인이나 제3자를 대상으로 한다. 아이들이 친구를 '돼지'라고 놀리거나 여성을 조롱하는 것은 '내가 너보다 위에 있다'는 인식을 은연 중에 반영하는 가장 낮은 단계의 유머일 뿐이다. 상상력의 결핍이다. 스스로를 등장시켜 조롱하는 용기를 발휘한다면 겸손하다는 평가와 호감을 얻게 된다. 위대한 코미디언들이 스스로를 희화화하는 데는 이런 이유가 있는 것이다.

조롱이 지나치거나 비유가 잘못된 유머는 사회적 지위를 잃게 하며 창창한 미래를 하루아침에 무너뜨릴 수 있으므로 성공하려면 제대로 된 유머를 써야 한다.

유머 감각의 필요성에 대해서는 눈을 떴으니 이제 유머의 수준을 높이는 훈련이 필요하다. 수사법을 연구하고 재미있는 말을 수첩에 적어놓고 외워라. 이것은 당신의 인격을 높여줄 것이다.

 맛있는 유머

아름다운 부자

늘 남을 아끼고 사랑하는 부자가 아들을 낳아 잔치를 벌이기로 했다. 사실은 아들을 위해서가 아니라 동네 사람들을 초청해서 대접하고 싶었기에 일부러 벌이는 잔치였다. 식구들 중 한 명이 말했다.
'이번 잔치에는 가난한 사람을 상석에 앉히시지요'
아버지가 말했다.
'가난한 사람은 잘 먹기 위해 온다. 그들에게는 골방에 자리를 마련해 주어 눈치 보지 말고 마음껏 먹게 하여라. 부자는 먹으러 오는 것이 아니라 대접받고 싶어 오는 것이다. 그러니 보이는 자리에 상석을 마련하여라. 그래서 둘다 만족해서 돌아가게 하여라.'

4 유머 센스도 능력이다

성격이 아니라 능력이다

일반적으로 성격이라고 하면, 선천적으로 가지고 태어난 것이므로 유머 감각이 없다, 부족하다는 것은 팔자소관이라고 여길지도 모른다.

다행스럽게도 심리학자들 중에는 희망적으로 유머 센스에 대해 능력 접근을 시도해 왔으며, 유머를 생성하고 다른 사람을 즐겁게 하는 능력, 즉 기술(skill)로 정의하였다.

이러한 접근을 사용한 연구는 일반적으로 보다 창의적이고 확산적 사고를 잘하는 사람뿐만 아니라, 자신의 행동에 대한 반응을 보다 잘 자각하고 반응하는 사람(자기 모니터링이 뛰어난 사람)은 유머를 생성하고 다른 사람을 웃게 만드는데 유능성을 보이는 경향이 있다고 한다.

따라서 유머를 생성하는 적성은 창의적 능력일 뿐만 아니라 사회적 기술의 한 유형으로, 노력만 한다면 얼마든지 유머 센스를 높일 수가 있다.

유머 센스를 높이려면 심리학자이자 철학자인 윌리엄 제임스의 어드바이스를 명심하는 것이 좋을 것이다.

> 우리의 가능성에 비하면 우리는 반만 깨어 있다. 절반밖에 깨어 있지 않다. 우리의 육체적·정신적 능력의 일부만을 사용하고 있을 뿐이다. 넓은 의미로 이 말을 해석하면 인간은 자신의 능력 한계에 훨씬 못 미치는 삶을 살고 있다. 무한한 능력을 소유하고 있는데 습관적으로 이 능력을 사용하지 못하고 있다.

유머 센스를 높이는 방법

심리학자 한스 아이젱크는 유머 센스에 대하여 세 가지 가능한 의미를 지적하였다.

첫째, 누군가 유머 감각이 좋다고 말하는 것은 우리가 웃는 것과 동일한 대상에 대해서 웃는다는 것을 의미할 수 있다.

둘째, 그 사람이 많이 웃고 쉽게 즐거워한다는 것을 의미할 수 있다.

셋째, 그 사람이 약방의 감초이며 재미있는 이야기를 하고 다른 사람을 즐겁게 한다는 것을 의미할 수 있다.

이러한 세 가지 유머 감각이 상호 간에 높은 상관 관계를 가질 필요는 없다고 그는 주장하였다.

우리의 말은 우리 생각과 마음의 소산이요, 유머도 그렇다. 중국의 문명비평가 임어당(林語堂)은 '유머는 그윽하고 은근할수록 묘미가 넘친다'고 했다. 유머를 날로 먹으려 해서는 안 된다.

격조 높은 유머를 위해 공부도 해야겠지만, 더 중요한 것은 인간의 그릇을 키우는 일일 것이다. 유머 센스는 다음과 같은 방법을 취하면 한층 높일 수가 있다.

사고 태도

유머와 유머러스한 사람에 대해 긍정적 태도를 가진다. 자주 웃고 농담을 하면서 자발적 재담으로 상대방을 즐겁게 하려고 해야 한다.

삶에 웃음을 채우는데 있어 가장 큰 방해물은 바로 자기 자신이다. '난 못할 거야. 왜냐하면 ~'이라고 말하는 순간, 막 생각나던 유머도 수그러든다. 다른 사람이 만들어낸 유머에 웃는 심미적 반응을 한다.

역경에 처해서도 유머러스한 조망을 견지하려는 노력을 해야 한다. 정말 유머가 필요한 때는 어렵고, 힘든 때이다. 또한 사람과 대화가 잘 안 될 때, 설득이 먹혀들어가지 않을 때이기도 하다.

습관적인 행동패턴

웃을 일이 없다고 생각하는 사람에게는 '당장 웃을 일이 없거든 외상으로라도 웃어라'는 격언도 있다.

습관적으로 기분이 좋아지는 말놀이를 선호하도록 한다. 셰익스피어는 '만일 그대가 지닌 장점이 없다면 장점을 가진 것처럼 생각하라'고 말했다.

'바보스러움은 때로는 정곡을 찌른다. 실패하더라도 해볼 만한 일이다.'

유머의 핵심은 기대의 배반이 가져오는 부조화와 과장에 있다. 기존의 통념과 권위를 무너뜨리고 상대방 논리의 허점을 공략해서 사고의 틀을 깨는 반전이 있어야 하고, 현실의 모습에서 디테일을 잘 잡아 그걸 과장해서 표현할 줄 알아야 한다.

그러기 위해서는 관찰력, 즉 미디어의 뉴스를 통해 정치적·사회적 맥락에 대한 호기심을 갖으며, 세밀하게 타인과 현실의 특징을 관찰하는 예리한 시선을 키워야 한다.

능력 함양

유머를 기억하는 능력으로 유머를 수집하고 기억한다. 당신의 직업이 유머를 연구하는 학자라고 생각하며 유머 소재를 찾아보고 기록해 보자.

발상을 전환하여 위트를 하려고 노력한다. 이를 위하여 모방하고 패러디하여 자기의 유머를 만들도록 한다. 셰익스피어도 중등교육을 받을 때 200개가 넘는 표현법을 암기해야 했다.

　비유법, 모순어법, 수사의문, 과장법 등을 익혀 사용하도록 한다. 이러한 노력은 반드시 보상을 받는다.

　유머의 사용에 있어서 가장 중요한 것은 타이밍이다. 시간, 사람, 상황(TPO)이 중요하다.

　물론 유머뿐 아니라 대화의 경우도 그 화제의 타이밍이 아주 중요하다. 화제가 이미 바뀌고 말았는데, 이미 10분 전에 지나간 말의 재담을 되풀이 하고 있다면 이미 그것은 재미가 없다.

　또한 상황에 맞는 격조 높은 유머를 하도록 한다. 상스러운 육담이나 천한 농담은 들을 때는 웃을 줄 모르나 시간이 지나면 뒷맛이 개운치 않다. 장소, 수준, 시간 등을 가려서 유머를 해야 한다.

　생활 속에서 유머력을 키우기 위해서 《실패를 성공으로 만드는 법》의 저자인 헤롤드 셔먼의 말을 빌려 보자.

　항상 사물의 밝은 면을 본다.
　실수를 웃어 넘기도록 한다.
　밝은 마음을 갖는다.
　심각하게 생각하지 않는다.
　유머 감각을 갈고 닦는다.
　긴장이 될 때는 오히려 웃을 수 있는 화젯거리를 찾는다.
　언제나 웃는 태도로 사람을 대한다.
　유머를 이용하여 문제를 해결한다.

 맛있는 유머

지혜로운 거절

버나드 쇼는 'Pygmalion' 첫 공연에 윈스턴 처칠 총리를 초청하기 위해 단신을 보냈다.

'처칠 귀하 : 귀하를 위해 제 작품 첫 공연표 두 장을 남겨놓았습니다. 친구가 있으면 함께 오셔서 보시지요.'

처칠의 회답은 이러했다.

'첫 번째 공연엔 참석할 수 없군요. 두 번째 공연이 있으면 그때나 참석하겠습니다.'

나를 바꾸는 유머 화술의 지혜

가장 헛되이 보낸 날은 웃지 않고 보낸 날이다.
- 커밍스

웃으며 보낸 날은 신과 함께 보낸 날이다.
- 일본 격언

당장 웃을 일이 없거든 외상으로라도 웃어라.
- 격언

죽음은 삶이 만든 최고의 작품이다.
- 스티브 잡스

3.

일상 유머와
설득 유머의 감각을
알아야 매력 있는
사람이 된다

위트, 재치 있게 하라

대화에서의 웃는 경향

 '세상에서 가장 심하게 고통 받는 동물이 웃음을 발명했다'라고 철학자 니체가 말했지만, 웃음을 과학적으로 연구한 최초의 인물은 미국 심리학자인 로버트 프로빈 교수이다.

 그는 2000년 인류 역사에서 아무도 시도하지 않았던 실험을 했다. 사람들을 직접 만나면서 무엇이 그들을 웃기는지 관찰하여 놀라운 사실들을 밝혀냈다.

 그의 연구에 의하면, 흥미롭게도 일상적인 대화에서 발생하는 웃음의 80퍼센트 이상이 유머와 아무런 관계가 없는 것으로 나타났다. 가령 '얘들아 다음에 만나자'라든가 '어떻게 지내세요?' 따위의 전혀 웃기지 않는 말을 듣고 사람들이 웃는 것으로 밝혀졌다.

 여기에서의 웃음은 의례적인 것일 수도 있다.

반대로 생각하면 일상생활에서 웃고 싶어하는 사람이 그만큼 많다는 얘기라고도 할 수 있다. 그 웃음은 고독한 현대인의 자조(自嘲)일지도 모른다.

흥미롭게도 자연스러운 대화에서 나타나는 대부분의 웃음이 농담이나 명백한 유머의 시도에 대한 반응으로만 일어나는 것이 아니다. 오히려 웃음은 일상적 진술과 질문('저도 만나서 반갑습니다' 또는 '그게 무슨 뜻인가요?') 뒤에 더 많이 뒤따른다.

따라서 대부분의 일상적 웃음이 실제로는 유머 그 자체와 아무 관련이 없고, 오히려 친근감과 긍정적인 정서, 사회적 신호로서 기능을 하는 것이다.

웃는 경향을 보면 대화 시 상대의 이야기보다는 자신이 이야기한 후에 더 자주 웃으며, 말하는 중간에는 잘 웃지 않는다.

사람들 간에 우정이 발전함에 따라서 응답형 웃음(상대방이 웃는 동안 또는 웃고 난 직후에 일어나는 웃음)의 빈도가 증가하는 경향이 있다.

웃음은 맞장구 역할을 하는 대화의 촉진제이므로 즐거운 대화를 하려면 대화의 맥락에 맞추어 웃음의 강도를 조절하며 웃어주어야 한다. 그렇지 않으면 대화가 원만하지 않다. 재미가 없는 상대의 얘기라도 웃으며 들어주면 점차 몰입하게 될 것이다. 이것이 듣는 기술이다.

위트란 무엇인가

일상의 웃음은 대화에서 상대의 말에 반응하며 하는 말에서 많이 나온다. 대화 중에 나타나는 말실수나 멋쩍은 실수 등과 같이 의도하지 않은 말과 행동을 목격하고 우리는 웃는다.

재미나게 하려고 의도적으로 반응하는 대화 유머에는 사실적 농담인 일화, 재치 있는 응수, 단어놀이, 악의 없는 놀림, 지분거리기, 아이러니, 야유 등이 있다.

이를 고의적·의도적으로 유머를 한다고 해서 '자발적 대화 유머'라고 한다.

자발적 대화 유머는 농담을 말하기보다 대화의 상황이나 맥락에 의존적이다. 상대의 말에 반응해서 하기 때문이다.

자발적 대화 유머를 하면 눈을 반짝거린다거나 유별난 목소리와 같이 유머러스한 의도를 나타내는 비언어적 단서들이 농담할 때보다 더 애매모호하기 십상이어서 듣는 사람은 말하는 사람이 익살을 떠는 것인지 아니면 진지한 것인지를 온전하게 확신하기가 쉽지 않은 경우도 적지 않다.

'재치 있는 응수'를 위트(wit 좁은 의미의 위트)라고 하지만, 자발적 대화 유머를 통틀어서 위트라고 하기도 한다. 우리말로 흔히 기지로 번역되는 위트(wit)는 유머에서 농담보다도 비중을 많이 차지한다.

위트는 순발력 있게 정곡을 찔러 짧은 순간 웃음을 불러일으키는 예리한 지적 능력을 뜻한다는 의미에서 '지성적 유머'라고도 한다.

농담이 주로 자신과 타인의 삶을 유쾌하게 관조할 줄 아는 넉넉한 품성에서 나온다면, 위트는 사람들의 통념에 일침을 놓거나 의표를 찌를 줄 아는 번뜩이는 지적 능력에서 나온다. 즉 농담에 비해 좀 더 지적이고 간결하면서도 예리한 웃음을 유발하는 것을 위트라고 볼 수 있다.

영미에서는 위트를 퀍(quip)과 레파티(repartee)로 구분하기도 하는데, 퀍은 말 속에 유머가 있으나 냉소가 담겨 있는 것이고, 레파티는 기민하고 재치 있는 응답이나 대꾸를 말한다.

위트에는 상대를 공격하는 의미가 저변에 깔릴 수도 있다. 즉 '말 속에 뼈가 있다'는 언중유골(言中有骨)이 숨어 있다. 상대방의 허물이나 과실을 명백하게 지적하지 않고 에둘러 말하는 표현방식으로, 직접적으로 지적할 때보다 반발이 적으며 비반박 효과가 크고 웃음을 유발한다.

이처럼 언중유골의 표현을 써서 상대방의 급소를 찌르는 말을 담언미중(談言微中)이라고 한다.

현대사에 있어서 위트의 달인으로 평가를 받고 있는 사람은 영국 수상을 지낸 윈스턴 처칠과 마크 트웨인이다.

 맛있는 유머

엉뚱한 표현

한 초대 손님이 여러 번 결혼한 토크쇼 사회자인 자니 카슨에게 물었다. '결혼하신 적이 있던가요?' 그러자 또 다른 초대 손님이 '아니, 도대체 그가 결혼한 적이 있었나요!' 라고 말한다.

잘 떠는 허풍, 그건 웃음의 가장 큰 전략의 하나이다.
오늘 당장 집에 있는 아내에게 말해 보라. '당신 결혼했나요?' 깜짝 놀란 아내, 말까지 더듬거리며 '아, 아니, 당신 무슨 말이야?' 라고 할지 모른다. 이어지는 남편의 말. '아니, 결혼 안 했으면 청혼하려고, 너무 예뻐서……' 아내는 어이없어 하겠지만 좋아할 거다.

위트의 기술을 향상시켜라

　대부분의 위트들은 말하는 상황이나 맥락에서 일변시키는 응답인 경우에 재치를 동원하는 것이다.
　외적 대상과 비교하거나 그와 대비시킴으로써 상대방에게 웃음을 유발시키는 것이 바로 위트의 묘미이다.
　위트로 사용되는 유머하기의 테크닉으로 다음과 같은 것들이 있다. 여기의 테크닉은 픽션인 농담에도 얼마든지 적용될 수 있다.
　말이나 관념을 얼렁뚱땅 갖다 붙이는 결합의 재주가 있어야 한다. 말을 둘러치는 것이다. 순발력이 강하고 임기응변의 능력이 뛰어나야 웃겨도 제대로 웃길 수 있다. 그러나 재미가 있어야 하기 때문에 불합치의 요소가 들어가야 위트라고 할 수 있다.

재미난 사실적 일화

우리의 입에 흔히 올리는 자발적 대화 유머의 대표적인 것은 약간의 스토리가 있는 '사실적 일화'이다. 픽션이 아니라 논픽션으로 사실적 농담이라고 할 수 있다.

대화 중에 불현듯 생각이 나서 하는 경우 자신이나 주변 인물들에 관한 재미난 에피소드와 관련시켜 말하는데, 대개 '너도 그때 거기 있었어야 하는 건데……'라고 시작한다.

웃기기 위해서 없는 이야기를 억지로 꾸며내는 것이 아니라, 평범한 가족과 친구에게서 찾아낸 '조금은 특별한' 일화를 '애, 어제 이런 일이 있었어' 하고 들려주듯 편안하게 전할 수 있다.

또는 스티브 잡스같이 유명한 인물들의 재미난 일화에 대해 말하기도 한다.

일화 중에 재미난 것은 자신 또는 다른 사람들의 실수담이 많기 마련이다. 실수는 일탈한 것으로 모두에게 흥미롭고 재미있기 때문이다.

대화의 안주거리는 가십이 많다. '가십'이 본래 부정적인 의미는 아니었다. 앵글로 색슨어 'godsibb(=god-relative)'에서 유래했으며, 고어는 '신을 믿는 식구' 신자끼리의 관계를 말했으며, 셰익스피어 때부터 '말동무, 얘기 나누는 상대'의 뜻으로 발전했다고 한다.

오늘날 가십(gossip)은 '소문에 대한 잡담'이라고 정의하지만, 영어든 한국어든 '가십'은 부정적인 뉘앙스, 나쁜 의미를 암시한다.

공격성 위트

대상을 은근히 공격하려는 의도를 가진 위트에는 아이러니(irony), 풍자, 야유, 경구가 있다

풍자는 사회 제도나 사회 정책을 날카롭게 찌르는 공격적 유머이다. 그것도 부도덕한 위선의 폭로와 위선자에 대한 풍자이기 때문에 조금은 윤리적이다. 정치에 대한 풍자는 동서를 막론하고 고금을 통틀어서 유머의 원천이 된다.

경구는 진리나 삶에 대한 느낌이나 사상을 간결하고 날카롭게 표현한 말이다.

예를 들어 '이마에 땀을 흘리지 않는 자는 식탁에 앉을 수 없다'라는 경구는 준엄한 꾸짖음이다.

경구는 역사적 명언이나 격언을 그대로 인용하는 것도 좋지만, 그 말에 시대적 의미를 가미하면 훨씬 신선한 메시지가 된다. 어떤 일에 대한 찬반 논란이 시끄러울 때는 경구를 사용하면 더욱 빛을 발한다.

야유는 남을 빈정거려 놀리는 것으로 제도보다는 개인을 표적으로 하는 공격적 유머이다. 조롱하는 것도 야유와 비슷하다.

예컨대, 멋진 만찬장에서 한 귀부인이 윈스턴 처칠을 이렇게 비난하였다. '수상 각하, 취하셨군요.' 그러자 처칠은 다음과 같이 응수하였다. '예, 취했습니다. 그런데 부인은 못생기셨네요. 아무튼

나는 내일 술이 깨겠지만, 부인은 여전히 못생기셨겠지요.' 라고 야유하는 것이다.

재치 있는 말장난

비유는 형용이지만 감칠맛을 내는 표현으로 마치 메아리와 같은 반향이 있다.

철학자 플라톤은 우리의 현실 감각이 일종의 비유라고 보았다. 모든 단어가 실체를 형용하기 때문에 나타나는 일종의 비유라고 할 수가 있을 것이다. 빗대어 말하는 것이 모순과 의외성을 지니면 웃음을 자아내게 한다. 즉 빗대는 것이 엉뚱해야 한다.

A 시간 죽이기에는 정말 좋은 책이야.
B 그래, 죽어 있는 시간이 더 좋다면 그렇겠지.

A 일찍 일어난 새가 벌레를 잡는다.
B 새는 벌레를 먹을 수 있으니까요.

상대의 말에 반응하여 위트로 말장난 내지 비유를 할 때에는 단어의 정확한 의미를 알고 있어야만 하며, 유머러스하게 지각되도록 그 단어를 잘못 적용하고 있다는 사실을 자각하고 있어야 한다. 구체적인 테크닉으로 다음과 같은 유형들이 있다.

사물과 사건의 불합치한 이름붙이기 : 언어의 유머러스한 사용에는 사물이나 사건에 엉터리 이름을 붙이는 것도 포함된다. 별명을 붙이는 것이다. 월트 디즈니처럼 '귀여운 생쥐'라고 하는 식이다.

허풍과 과소진술 : 다른 사람이 말한 것에서 강조점을 달리 하여 반복함으로써 그 의미를 변화시키는 것이다. 실제보다 지나치게 과장하거나 줄여서 말하는 것이다. '독수리만한 모기', '모기만한 독수리'라고 하는 표현이다.

자기비하 : 유머의 대상으로 자신을 표적으로 하는 진술이다. 자기비하는 겸손함을 보여 주거나, 듣는 사람을 편안하게 만들거나 그 사람의 비위를 맞추기 위해 사용되기도 한다. 대표적인 예가 고 김수환 추기경이 자신을 '바보'라고 한 것이다.

수사적 질문에 대한 응수 : 수사적 질문은 응답을 기대하지 않는 것이기 때문에 이러한 질문에 답을 하는 것은 대화의 기대를 위반하는 것이며 질문을 던진 사람을 놀래게 만든다. 따라서 이 응답은 웃기는 것으로 지각될 수 있으며, 일반적으로 그 의도는 상대방을 단지 즐겁게 해주려는 것이다. 어떤 연사가 '우리 모두는 대한민국 국민이죠?'라고 하자 듣고 있던 청중이 '저는 서울 시민인데요' 하는 식이다.

우문현답 : 심각한 진술이나 질문에 대한 현명하면서도 부조화되거나 의미 없는 응답이다. 진술을 고의적으로 다르게 해석함으로써 화자가 원래 의도하였던 것과는 다른 의미에서 반응하는 것이다. 다음과 같은 수수께끼나 동문서답도 이와 비슷한 방법이다.

'새들이 남쪽으로 날아가는 이유는?'
'걸어가기에는 너무 멀어서.'

이중의미 어구 : 진술이나 단어가 두 가지 의미를 촉발하도록 고의적으로 다르게 지각하거나 해석하는 것으로, 두 번째 의미는 성적인 것이기 십상이다. 이른바 펀을 이용하는 방법도 넓게는 이에 속한다.

고정된 표현의 변환 : 상투적 표현이나 격언과 같이 잘 알려진 표현을 새로운 진술로 변형시키는 것이다. 예컨대, 남과 같이 일하는 것이 싫은 사람이 '백짓장은 맞들면 찢어진다!'라고 말하는 것이다.

'사자성어 풀이'도 이러한 유형에 속한다. 패러디도 웃음의 중요한 근원의 하나이다. 패러디는 너무나 노골적인 모방이지만 일부 단어를 바꾸면 웃음과 유머를 유발한다.

일상생활에서 가장 쉽게 이용할 수 있는 위트는 비유가 들어 있는 관용어를 사용하는 것이다. 예를 들어 '번갯불에 콩 구워 먹네', '가슴이 찡하다', '바람을 맞다'라는 표현이다.

평범한 일상 언어에 단어를 가지고 여러 가지 변화를 시도하는데, 단어를 생략하기도 하고 바꾸기도 하며 다른 의미처럼 들리게 할 수도 있다.

아이러니

아이러니는 위트 중에서 가장 멋지게 응수하는 방법이고 픽션인 농담에서도 재담으로 사용되는 기법이다.

그리스어로 위장을 뜻하는 '에이로네이아(eironeia)'에서 유래한 이 말은 서양에선 플라톤의 '대화편'에서 이미 그 원형을 찾을 수 있으며, 로마시대 키케로나 퀸틸리아누스에 의해 수사학 기법으로 확립되었다.

아이러니는 화자가 축어적 의미와 대비되는 진술을 하는 것이다. 우리말로는 실제 말하고자 하는 것을 정반대의 표현에 담아낸다고 해서 반어(反語)라고도 하고 겉으로 드러난 표현과 그 속에 담긴 뜻이 반대라는 뜻에서 이율배반이라는 의미로 사용되기도 한다.

비록 아이러니가 항상 재미있는 것은 아니지만 유머의 한 원천이 될 수 있다. 아이러니는 표리의 차질을 폭로해 웃음을 유발한다는 점, 특히 지적인 날카로움과 간접적 공격성을 띤다는 점이 특징이다.

대화 중에 넌지시 하는 위트로서의 아이러니는 대화의 맥락에 따라 적절하게 이루어져야 웃음을 나오게 할 수 있다.

누군가가 비바람이 몰아치는 한심한 날에 '정말 멋진 날이네!'라고 말하는 것이 실제로는 '끔찍한 날이네!'를 표현하고 있는 것일 수도 있다.

아이러니는 '야유'와도 밀접하게 연관되어 있는데, 야유의 효과는 '일반적으로 한 개인을 직접적으로 향한 불쾌하고 신랄한 아이러니 표현'에 달려 있다.

불친절하였던 어떤 사람에게 '당신은 멋진 친구야!'라고 말한다면, 이것은 아이러니 표현이면서 동시에 야유가 된다.

이러한 아이러니성 비난은 비판을 받아들이도록 의도된 긍정적 진술인 반면, 아이러니성 칭찬은 긍정적으로 받아들이도록 의도된 부정적 진술이다.

> **아이러니성 비난** : 예컨대 누군가 고약한 행위를 하였을 때, '당신은 멋진 친구야!'
> **아이러니성 칭찬** : 누군가 방금 홈런을 쳤을 때, '야구를 저렇게 못할 수가 있어.'

기막히게 재미있는 말장난

말장난(pun)은 정말 편하면서도 강하다. pun은 다의어나 동음이의어를 이용한 말장난이며, punster는 '말장난을 즐기는 사람'이란 의미다. 소리는 같으나 뜻이 다른 동음이의어이다.

일반적으로 동음이의어에 근거하여 이차 의미를 촉발하도록 단어를 유머러스하게 사용하는 것이 '펀'이다.

동음이의어를 이용한 위트는 조크와 코미디 쇼에서 흔히 볼 수 있는 유머의 원천이다. 또한 펀치라인이 되는 문구에 종종 사용된다. 다소 난처한 이야기에 유머러스한 의미를 부여하기 때문이다.

 맛있는 유머

비례대표(比例代表)가 비례대표(非禮代表)가 됐다. 소수자를 배려한다는 취지의 비례대표(比例代表) 국회의원이 돈과 인맥에 빠져 비례대표(非禮代表)가 되어버렸다는 말이다.

이러한 pun은 동음(同音)만 열심히 찾으면 활용가능한 위트가 된다.

엄숙 모드와 유머 모드의 전략

엄숙 모드로는 소통하기 어렵다

정보화 사회에서는 사람의 태도를 모드(mode)로 표현하기도 한다. 멋진 태도의 표현이다.

IT용어로 모드는 특정한 작업을 할 수 있는 어떠한 상태를 말한다. 예를 들어, 키보드에서 한글 모드란 한글을 사용할 수 있는 상태를 말하며, 영어 모드란 영어를 사용할 수 있는 상태를 이른다.

《과학과 지식사회학》을 쓴 과학사회학자 마이클 멀케이는 사람들이 두 가지 기본적인 의사소통 모드, 즉 '엄숙 모드'와 '유머 모드'를 사용하여 상호작용을 하며, 둘 다 보통의 일상적 담화형식이지만 근본적으로 전혀 다른 원리에 따라 작동한다고 하였다.

엄숙 모드에서는 진지하게 논리정연한 상태로 통합하고자 노력하며, 모호함과 모순을 회피하고자 시도하게 마련이다. 그렇지만 이러한 의사소통 모드는 부적절하기 십상인데, 각기 다른 개인과 집단은 현실을 전혀 다르게 지각하고 사건의 해석에서 이견을 쉽게 내놓기 때문이다.

또한 엄숙 모드에서는 긴장하기 마련이어서 사고의 폭이 좁아지고, 상대의 말을 받아들이려는 여유가 협소하다.

'잘 교육받은 사람들은 다른 사람들과 의견 충돌을 일으킨다. 하지만 지혜로운 사람들은 자신과 의견충돌을 일으킨다' 라고 오스카 와일드는 말한다.

사람들이 의사소통하고자 할 때, 이러한 여러 이견이 있는 다중 현실이 종종 충돌하여 자가당착과 불합치, 그리고 모순을 초래하게 되는데, 이런 것을 엄숙 모드로는 쉽게 대처할 수가 없다.

'설득시킬 수 없다면 헷갈리게 하라' 는 다소 어이없는 이 말을 한 사람은 미국의 33대 대통령 트루먼이었다.
한국전쟁 당시인 1951년 4월 11일 '3차 대전을 막자는 것이다' 라는 말로 맥아더 장군을 해임한 대통령답게 과감한 어록과 독설에 가까운 입담을 과시했다. 나중에 인터뷰에서 맥아더 장군 해임에 대한 견해를 묻자 '그가 멍청한 개잡놈이라는 건 맞지만, 그것 때문에 그를 해고한 건 아니다. 장군들이 멍청한 게 위법은 아니니까. 만약 그게 위법이라면 장군들 절반 이상은 감방에 가야 할 것' 이라고 말했다.

유머라는 사회적 놀이는 상호 간의 의사소통에서 발생하는 이러한 이견의 다중성과 본질적 모순에 대처하는 수단으로 인간의 진화 과정을 통해 선택되어온 것이다. 이 점이 우리의 말에서 유머가 없어서는 안 될 이유이다.

유머 모드에서는 대인관계에서 필연적인 모순, 불합치, 그리고 모호함을 통합하고 받아들이며, 심지어 기꺼이 인정되는 방식으로 간주한다.

유머의 모호성과 철회 가능성

의사소통에서 위트를 비롯한 유머의 사용은 다양한 목적을 위해 쓰일 수 있다. 셰익스피어는 '웃음이 1000가지의 해로움을 막아준다'고 했다.

유머는 발설자로 하여금 자기의 행위에 대한 책임을 주장하거나 포기하도록 도와주며, 용기를 보이거나 당혹감을 완화시키고, 규범적인 의무감을 촉발하거나 그 의무감으로부터 해방해줄 수 있다.

이러한 유머의 기능은 유머가 본질적으로 모호하고 심지어는 상호 모순적이기 때문에 여러 가지 상이한 방식으로 해석될 수 있다는 사실과 관련이 있는 것이다.

'웃자고 한 건데'는 시비곡직을 가릴 것 없다는 뜻이다. 누군가 어떤 것을 유머러스하게 말할 때, 그 사람은 항상 '그냥 농담이었어!'라고 말함으로써 자신의 말을 걷어 들일 수가 있다. 실제로 모든 사람은 유머의 모호성을 인정하기 때문에 그렇게 부인을 할 필요조차 없기가 십상이다.

유머의 이러한 방식으로 유머 모드를 취하여 사람들로 하여금 자기 자신이나 상대방의 '체면'을 살려줄 수 있다.

★ 체면이란 인정받은 사회적 속성들로 묘사된 자기상으로 사람들은 체면을 손상시킬 가능성이 있으며, 자신이나 상대방을 어색하게 하거나 당황스러운 상황에 빠뜨릴 수 있는 의사소통을 피하려는 강한 동기를 가지고 있다.

이와 같이 유머는 모호성과 철회 가능성을 가지고 있기 때문에 예의바름과 마찬가지로 자신과 상대방의 체면을 보호하는 책략이 될 수 있으며, 대인관계를 촉진하는 중요한 역할을 담당하는 것이다.

한 입으로 두말하고도 존경받은 이는 흔치 않다. 앨런 그린스펀이 그중 한 사람이다. 18년간 미 FRB 의장을 맡아 '세계의 경제대통령'으로 불렸다.

그의 말은 분명 한 입에서 나오되 듣는 이에 따라 해석이 둘로 갈리기 일쑤였다. 그의 모호함엔 계산된 유머와 신중함이 깔려 있다. 아마 엄숙 모드와 유머 모드를 절묘하게 전환시키는데 무척이나 노련했던 것 같다.

청문회에서 한 하원의원이 '진술을 듣고 나니 이제 당신 생각을 알 것 같다'고 말하자 그는 즉각 '그렇다면 내 말 뜻이 잘못 전달된 것 같다'고 되받았다.

대화 상황에 따라서 엄숙 모드에서 유머 모드로 전환하고, 또한 유머 모드에서 엄숙 모드로 전환해야 원만한 관계를 유지하며 좋은 결과를 가져올 수가 있다.

실수나 남의 항변을 받아서 당황했을 때, 뜻하지 않은 말썽에 빠질수록 재치 있는 위트와 그 웃음은 필요성이 커진다. 어색한 상황에서 위트의 웃음은 위기관리가 되고 인간관계의 조절이 되므로 심각하게 고민하지 말고 유머를 잘 활용해야 한다.

상하 관계에서 유머

화야 누가 못 내랴! 신경질이야 누가 못 내랴! 화가 날수록, 신경질이 날수록 유머와 위트에 SOS를 쳐야 한다.

최근 출간된 어용론 저널(Journal of Pragmatics)에 실린 연구 결과에 따르면, 유머는 남을 웃기기 위한 것 못지않게 자기에게 권력이 있음을 남에게 보여주려는 공격적인 행위라고 한다.

《제3의 물결》과 《권력 이동》 등의 저자로 이름난 '미래학의 대표적 거장'인 앨빈 토플러는 '자고로 미래를 정확히 전망한다고 큰소리치는 사람은 믿으면 안 된다'고 위트를 하며 인터뷰를 하였다고 한다. 이 말은 은근히 자신의 권위를 내세우는 말이다.

지위가 높은 사람은 상대방에게 주도권을 사용하는 것처럼, 지위가 낮은 사람도 상대방으로부터 주의를 끌고 인정을 받기 위한 '아첨 책략'으로 유머를 사용하기도 한다.

아첨이란 상대방 띄우기, 의견 동조, 지기 비하, 그리고 상대방과 가장된 유사성과 같은 행동을 지칭하는 데 높은 지위의 사람으로부터 호의를 얻어내기 위해서 사용된다.

아첨이 엄숙 모드에서 사용될 때는 위선이 들통날 위험이 있으며, 특히 상당한 이해관계가 얽혀 있고 표적 인물의 지위가 상당히 높을 때 위험이 더 크다.

그렇지만 '비꼬는 칭찬'을 사용하는 것처럼 아첨이 유머러스하게 사용된다면, 발설자의 위선이 들통날 가능성은 낮아진다.

예컨대 명백한 아첨을 피하기 위하여 농구 스타플레이어에게 '당신은 정말로 경탄할 선수입니다'라고 말하는 대신에 '드리블을 하는 것만 배운다면 대단한 농구선수가 되겠는데요'라고 말할 수 있다. 다른 사람의 농담에 웃음을 보태는 것도 일종의 아첨이 될 수 있다.

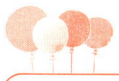 맛있는 유머

> 공자가 제자인 자유(子游)가 다스리던 마을에 갔는데 사람마다 비파를 뜯으며 노래하고 있었다. 예악(禮樂)을 천하통치의 근간으로 삼으라는 스승의 뜻을 실천한 것이었다.
> 공자가 웃으며 '닭 잡는 데 어찌 소 잡는 칼을 쓰리오'라고 말했다. 자유가 따져 묻자 공자는 바로 실수를 인정하고 농담이었음을 고백했다(前言戲也). 작은 읍에서조차 음악에 열심인 것을 보고 농을 한 건데 제자가 발끈하니 사과한 것이다.

유머가 주는 멋진 대화

멋진 대화에는 유머가 필요하다

좋은 결과를 얻으려면 대화에는 기술이 필요하다. 이 기술을 '화술'이라고 한다. 화술은 국어사전에서 '말재주'라고 정의하지만, 효과적으로 말하는 화법이라고 하는 것이 이해가 빨리 갈 것이다.

그렇지만 대부분의 화법은 말하는 매너로서 진지하고 성실한 대화를 하게끔 만든다. 대화에 생기를 불어넣는데 조금은 역부족인, 그 부족을 채워주는 것이 유머이다.

대화란 논의를 지적이며 만족스러운 것으로 만들기 위해서 모든 참여자들의 협력이 요구되는 상호 행위다.

대화가 진행되는 동안 참가자들은 대화 내용에 주의를 기울일 뿐만 아니라, 대화의 흐름을 모니터링하고 관리할 필요가 있다.

여기에는 순서 지키기, 통제 교환하기, 대화의 격조와 스타일 설정하기, 주제 도입하기, 주제 바꾸기, 의미 확인하기, 눈 맞추기, 반복하기, 알기 쉽게 바꾸어 말하기, 대화 종료하기 등과 같은 대화 행위들이 수반되는데, 유머는 이러한 목표 대부분을 위해서 사용할 수가 있다.

대화 시작하기

원만한 대화를 하기 위해 유머를 이용하는 커뮤니케이션 방법은 좋은 인간관계를 만들며 유지하기 위해서 반드시 취해야 할 방법이다.

첫 만남과 같이 대화참여자들 사이에 공유하는 지식이 거의 없는 상황 하에서 대화를 시작하는 데에도 유머는 효과적으로 이용할 수 있다.

유머가 서투르다면 대화 시작부터 굳이 무리해서 재미있는 유머를 하지 않아도 괜찮다. 처음에는 '웃는 얼굴로 부드럽게 이야기를 한다' 는 것을 기억하면 좋을 것이다.

처음 만나는 사람에게 자신의 이름을 재미있게 소개하는 것은 두 가지 점에서 효과가 있다. 상대로 하여금 잊지 않게 한다는 점이고, 앞으로의 관계가 호감가는 친밀한 사이가 된다는 점이다.

> 반기문 UN 사무총장은 취임하기 전에 유엔출입기자단(UNCA) 송년 만찬에 참석해서 반과 본드의 발음이 비슷한 것에 착안해 '내 이름은 '반' 이지 '제임스 본드' 가 아니다' 면서 '나는 007이 아니지만 아침 7시에 사무실에 나오고 7주의 인수인계 기간을 가지고 있다' 고 위트 있게 말해 청중들을 웃게 만들었다.

우리들은 보통 만나면 날씨 얘기부터 꺼낸다. 날씨 표현에 있어서 위트를 사용하면 어떨까. 더운 날씨라면 비유로 '아이스크림 먹고 싶은 날씨입니다' 라고 말해본다.

날씨에 대한 재치 있는 언급은 후속 대화를 생성할 수 있는 반면에, '날씨가 짜증나게 하네요' 라고 하는 명백한 사실을 심각하게 언급하는 것은 오히려 대화 분위기를 어둡게 만든다.

미국 언어학자 낸시 벨 박사의 최근 연구결과에 따르면 처음 만난 사람이 썰렁한 농담을 하면, 10명 중 4명은 웃어주는 반면 직접적으로 투덜대는 사람은 단 0.5퍼센트에 불과한 것으로 나타났다.

벨 박사는 '사회적 인간관계를 중요시 여기는 사회에서 친구나 연인보다는 처음 본 사람에게 더 관대한 것이 사실' 이라며 '처음 본 사람이 썰렁한 유머를 하더라도 대체로 중립적인 모습을 보인다' 고 설명했다.

유머를 했는데 아무도 웃지 않는 어색하고 싸늘한 상황이 연출되면 분위기를 반전시키기가 쉽지 않다. 사람들을 웃기는데 자신이 없다면 차라리 원래 하려던 이야기를 충실하게 하는 게 더 낫다. 그리고 좀 수동적이지만 상대의 말에 적절하게, 그러나 즐거움을 붙어

넣을 수 있는 단어로 반응하도록 하는 것이 좋다.

이야기는 꼬리에 꼬리를 물어야 한다. 그 꼬리에 엉뚱함을 넣어 보자.

만일 '탤런트 A군은 멋져요' 하면서 상대가 화제를 꺼냈다고 치자. 그 말에 대해 '응, 진짜 멋져요. 내가 여자라면 혹할 것 같아요' 하며 맞장구로 응수하면 점차 대화에 흥이 날 것이다.

한담하기

우리가 나누는 대화 중에 한담(閑談)이 있다.

한담이란 심심하거나 한가할 때 나누는 이야기 또는 별로 중요하지 않은 이야기를 말한다. 한담을 하면서 수다를 떨며 웃는데, 친목도모용이라고 할 수 있다. 한담은 모든 관계의 시작이며, 우정과 비즈니스로 가는 지름길이 되기도 한다.

수다의 사전적 정의는 쓸데없이 말수가 많은 것이다. 사전적 의미와는 별도로 수다에는 '가벼운 대화'라는 뜻도 담겼다. 영어로는 스몰 토크(small talk)다. 미국인들은 하루에 수십 번씩 스몰 토크를 하는 것으로 알려졌다. 우리도 마음이 맞는 사람을 만나면 스몰토크인 한담을 나눈다.

한담의 주제는 날씨·스포츠·영화·음식·가십·휴가·TV 프로그램과 같은 것들이다. 여기가 바로 유머와 웃음의 무대이다. 실제 연구를 보더라도 일상생활에서 웃음의 70~80퍼센트가 수다에서 발생한다고 하지 않는가.

수다 떨기에는 자기나 가족 자랑, 가진 것 자랑을 많이 하는 사람들도 있다. 자랑이 지나치면 질투와 시기가 꿈틀거리므로 상대를 봐서 해야 한다. 동창 모임에 안 나간다는 여성의 심리를 생각해 보라.

현대는 금기가 사라지고 가능한 한 모든 것을 긍정적으로 보는 시대다. 한담이나 유머의 세계에서도 금기가 사라지고 있다. 보통 종교·정치·섹스·돈 이야기를 대화나 유머 소재로 삼지 말라는 권고도 있지만, 터부는 이미 많이 허물어졌다. 다만 성희롱이 문제될 뿐이다.

수다로서 많이들 꺼내는 가십, 즉 '남 말하기'도 마찬가지다. 미국 경영학자들은 가십이 개인이나 조직에 긍정적으로 작용한다는 연구 결과를 발표했다. 심지어 옥스퍼드대학교 인류학자 로빈 던바는 언어가 발달한 이유는 가십을 하기 위해서였다고 주장한 바 있다.

문제는 가십 중에서도 험담이다. 험담에는 풍자가 많다.

'없는 데서는 나라님 욕도 한다'는 속담도 있지만 연구자들에 따르면 가십은 대화의 2분의 1에서 3분의 2가량을 차지하며, 가십 중에서도 험담은 5~30퍼센트 정도다. 연구자들은 험담마저도 스트레스 감소, 자긍심 함양, 유대감 증진에 도움이 된다고 주장한다.

지금 우리 사회에는 냉소적인 유머가 널리 퍼져 있다. 경제가 어려워지고 일자리를 찾기가 어렵기 때문이다. 정치권은 이를 부추긴다.

심리학자인 비탈리 피추긴은 냉소적인 유머가 유행한다는 것은 사회에 문제점들이 나타나고 있다는 신호이며, 그들에게 유머는 스트레스 해소법이라고 진단했다.

수다 중에서도 서로 알고 있는 주변사람에 대한 '제일 나쁜' 험담마저 좋은 구실을 한다면 수다만으로도 언어생활은 충분한가. 그렇지 않다고 행복학 연구자들은 주장한다.

행복하려면 수다로 충분치 않고 '내용과 깊이가 있는 대화' 가 필요하다는 것이다. 그런 의미에서 건강한 유머가 필요하다. 그리고 미소와 웃음으로 하는 듣기의 맞장구도 위트가 될 수 있음은 물론이다.

대화 기술로써의 유머 사용

효과적인 대화 방법으로 무엇보다도 포인트를 두어야 할 것은 '대화를 촉진하기 위한 무드 만들기' 이다.

참여자들이 대화에서 동일한 목표를 공유하는지의 여부에 따라서 대화 관리를 위한 유머의 사용은 대화에 촉진적일 뿐만 아니라, 파괴적일 수도 있다.

농담하기는 듣는 사람들이 동조하는 웃음으로 반응할 것을 기대하며 해야만 비교적 오랫동안 대화를 장악하는 방법이 될 수 있다.

사회적 놀이로 유머를 한담으로 나눌 때, 사람들은 적어도 일시적이나마 심각한 대화의 목표를 접어둔다.

상호 간에 대화를 주고받는 과정에서 '가는 날이 장날이라는 말이 있듯이 그곳에는……' 이라고 꺼내는 불합치 되는 사건의 경험과 관련된 재미있는 일화 속의 단어와 아이디어의 다중 의미를 즐기며, 유머 효과를 극대화시키기 위하여 과장된 제스처, 그리고 얼굴 표정들을 사용한다. 그러면 점차 참여자들은 높은 수준의 환희를 경험하게 되며, 그 시점에서 요란하고 구속받지 않은 웃음꽃이 필 것이다.

그러한 유머는 자체적으로도 즐겁지만 친밀감을 고양시키고 사회적 유대감을 강화시키는 부가적인 대인관계 기능으로도 작용한다.

대화를 대립적인 주제에서 벗어나거나 대화의 격조를 심각한 것에서 가벼운 것으로 변화를 시키려면 무엇보다도 유머가 해답이다.

한 예로 대화에서 사용된 한 단어가 지닌 다중 의미에 근거한 편은 다른 사람이 말했던 것에 들어 있는 모호성에 주의를 기울이게 하는 유머러스한 방법이 될 수 있다.

그러나 '그렇단 말이죠' 하며 다른 사람이 사용한 중의어에 대해서 빈번하게 토를 달듯이 편을 만들어내는 사람들은 대화의 초점을 현재의 주제에 벗어나서 자신의 영리함으로 돌림으로써 대화 흐름에 상당히 파괴적일 수 있어서 상대의 눈총을 받게 된다. 재미있게 반응하는 것도 적정한 수준에 맞게 해야 한다.

만일 대화의 다른 참여자들이 보다 진지한 엄숙 모드를 원하거나 공평한 의견 교환을 원한다면, 이러한 유머의 사용은 훼방이나 심지어는 공격으로 간주될 수 있다는 사실도 알아야 한다. 상대에 맞추어서 해야 하며 한담으로 하는 유머에는 주의를 기울여야 한다.

 맛있는 유머

10세기 영국에서는 '남자의 넓적다리에 달려 있으며 전에도 종종 찔러봤던 구멍을 또 찌르려 드는 물건은 과연 무엇일까' 라는 야릇한 농담이 있다. 정답은 '열쇠' 다.

수수께끼를 이용한 유머 기법은 쉽게 응용할 수 있는 기술이다.

5

설득 기술로 유머를 활용하라

유머 모드로 설득하라

CNN 래리 킹 라이브 쇼에서 '솔직하고 편안한 방송'을 추구해온 래리 킹은 '기술이 인간보다 빠르게 발달하지만 우리가 개발한 기계 이상으로 중요한 게 인간의 터치(human touch)다. 인간의 연결을 더 가치 있게 만들어야 한다'고 했다.

사람들이 일상생활에서 유머를 던지거나 교환할 때, 단지 즐거움이나 놀이를 제공하는 것을 넘어서서 어떤 목적이나 사회적 목표를 가지고도 한다.

어떤 사회적 목표는 친화적이고 친사회적인 반면, 다른 목표는 공격적이고 강압적인 것일 수 있다. 따라서 유머는 본질적으로 친근한 것도 아니며 공격적인 것도 아니다.

유머는 호의적 목적과 적대적인 목적을 위해 사용될 수 있는 정서적 즐거움을 이끌어내는 수단인 것이다. 이것이 유머가 가지고 있는 패러독스이다.

또한 다른 사람을 웃게 만들기 위해 농담을 할 때조차도 자신의 재치로 그 사람들을 감동시키고 관심이나 명성, 또는 인정을 받으려는 숨은 의도를 가지고 있기도 한다.

골치 아픈 문제나 분쟁을 빨리 해결할 수 있는 방법은 없을까? 문제에는 사람들이 관련되어 있기 때문에 설득 방법이 매우 중요하다.

'한 방울의 꿀이 한 통의 쓸개즙보다 더 많은 파리를 잡는다'는 링컨의 말도 있다. 적당한 표현인지 모르지만 직접 대응을 하지 말고 잘 설득하라는 이야기이다. 여기에는 유머가 절대적으로 필요하다.

유머는 정서에 더 영향을 미친다

우리는 설득을 많이 한다. 그 성공률은 몇 퍼센트나 될까?

프로야구 선수는 타석에 열 번 나와서 세 번 쳤다는 것, 즉 타율이 3할만 되도 우수 선수의 랭킹에 든다.

물론 사안에 따라 쉽게 OK를 받아낼 수도 있을 것이다.

설득에 관하여 리처드 페티 교수 등이 개발한 '정교화 가능성 모형'에 따르면, 설득은 중추적 처리통로와 말초적 처리통로라는 두 가지 잠재적 통로를 통해서 달성된다고 한다.

들는 사람에 의한 메시지의 적극적 정교화를 수반하는 '중추적 통로'는 듣는 사람이 메시지를 개인적으로 관련된 것으로 받아들이고 주제에 관한 기존의 아이디어와 신념을 가지고 있을 때 일어난다.

이 통로에서는 듣는 사람이 메시지를 논리적으로 타당한 것으로 받아들일 때에 그 주장에 설득을 당하게 된다.

반면에 말초적 통로에는 기분과 정서, 친숙한 구절 또는 메시지 전달자의 속성(전문성 수준, 호감도 또는 이기적인 동기가 없다고 지각하는 것) 등과 같은 '발견법적' 단서에 근거한 별 생각 없는 반응이 수반된다.

이 통로는 듣는 사람이 별로 몰입하지 않거나 동기가 없거나 메시지를 이해할 수 없거나 아니면 복잡한 정보를 처리하고 싶어 하지 않을 때 발생하며, 일반적으로 태도와 행동에서 덜 안정적인 변화로 이끌어 간다.

연구결과들은 설득에 대한 유머의 효과가 중추적 통로보다는 말초적 통로와 더 많이 관련된다고 주장한다. 특히 메시지의 이해와 같은 인지적 변인보다는 호감도나 긍정적 기분과 같은 정서적 변인들에 영향을 미치는 데 유머가 더 효과적인 것이다.

총체적으로 볼 때 유머가 인지적 효과보다는 정서적 효과를 더 많이 갖고 있으며, 설득으로 향하는 중추적 처리통로보다는 말초적 처리통로에서 더 큰 역할을 담당한다. 그러므로 유머로 분위기를 조성하고 설득에 들어가면 성공 확률은 높아질 것이다.

패러디 기법을 활용하라

J. 피어폰트 모건은 인간의 심리를 분석한 글에서 인간이 어떤 행위를 하는 데에는 두 가지 이유가 있다고 했다. 그 하나는 그럴 듯하게 보이는 이유이고 또 하나는 진짜 이유이다.

당연히 행위를 하는 사람은 말은 안 할지라도 그 진짜 이유를 알고 있다. 그러므로 그 점을 굳이 강조할 필요가 없다는 것이다. 자꾸 강조를 한다면 잘못한 것으로 보고 있다는 셈이 되고, 상대로 하여금 짜증나게 만들며, 결국에는 설득에 있어 실패가 될 것이다.

설득을 하면서 남의 경우는 어떠하다고 예를 들어 말하는 경우가 많다. 주장을 할 때에는 증거를 제시한다. 엄숙 모드로 하면 상대는 그 증거를 일일이 따져볼 것이다.

비즈니스를 위한 진지함이 자칫 대화를 어렵고 무겁게 만드는 경우는 종종 있다.

주어진 시간 내에 어떻게든 상대방을 설득시키기 위해 준비해간 수많은 주장과 근거를 늘어놓으며 상대방의 마음에 도달하기 위한 길을 닦는다. 하지만 그 길이 너무 길고 멀면 상대방은 하품을 할지도 모른다.

이런 상황이라면 유머 모드로 전환하여 패러디 기법으로 예를 들어보면 좋을 것이다. 지름길을 이용해 보자. 영화나 드라마 혹은 노래 가사 속에 당신의 지름길이 되어줄 패러디의 소재가 숨어 있을지도 모른다.

속담이나 명언을 패러디해 보는 것도 좋은 접근이다. 여기에 약간의 위트를 섞어 주면 듣는 사람으로 하여금 긍정적인 태도를 가지게 해주는 것은 물론 오래도록 당신의 이야기를 기억해 줄 것이다.

간접적으로 탐색할 수 있다

사람의 체면이나 기분을 세워 주는 일!

이것이야말로 대화에서 더할 나위 없이 중요한 키(key)이다. 대부분 설득 실패는 상대방의 자존심에 가해지는 상처 따위는 아랑곳없이 다른 사람들의 감정을 무시하고 자신의 주장만 내세우며 설득하려고 했기 때문이다.

설득을 잘 하는 사람들은 상대방의 가치관, 태도, 지식, 정서 상태, 동기, 그리고 의도 등을 알아내기 위하여 대화하기 전이나 도중에, 그리고 대화가 끝난 뒤에도 끊임없이 탐색하고 있다.

유머는 상황에 대한 상대방의 정서나 기분을 탐색하는 데도 사용할 수 있다. 가벼운 유머를 상대에게 던졌을 때, 그 반응에 미소가 나온다면 설득 대화를 할 수가 있지만, 얼굴을 찌푸리거나 '실없는 소리하지 마'라고 핀잔을 준다면 기분이 좋지 않다는 표시가 된다.

탐색으로 얻은 정보는 타인과의 상호작용에서 친밀감을 증진시키려는 것이든, 부탁을 하거나 보상을 받으려는 것이든, 아니면 상대방에게 영향력을 미치려는 것이든 간에, 자신의 목표를 달성하는

데 도움이 될 것이다.

그러나 '체면 손상'의 잠재성 때문에 사회 예절이라는 불문율이 이러한 문제에 대하여 직접적으로 물어보는 것을 어렵거나 불편한 것으로 만들기 십상이다.

자신의 동기가 잘못 전달되거나 주제넘게 참견하여 원망을 듣거나 아니면 서로가 어떤 방식으로든지 당황하게 될 수 있는 위험이 있기 때문이다. 유머는 그러한 정보를 간접적으로 얻을 수 있는 만족스러운 방법이 된다.

특정한 태도나 감정 또는 견해에 대해 유머러스하게 언급함으로써, 자신이 제대로 받아들여지지 않을 때 부정할 수 있는 방식으로 자신의 의견을 밝힐 수 있는 것이다.

예를 들어, '술과 커피는 안 팝니다를 네 자로 줄이면 뭐지요? 답은 주차금지입니다. 라고 농담을 하면서, 지금 잡담하는 것을 주차금지하실 수 없어요' 라고 말한다. 그러면 상대의 대답에 따라 밀고나가든지 '아니면 말고' 라는 철회가 될 수 있다.

설득은 유머로 상대의 마음을 풀어주고 주장으로 당겨야 한다. 주장을 할 때에는 상대의 얼굴을 보라.

웃음으로 반응하거나 유사한 방식으로 응수하는 것을 관찰함으로써 상호 간에 유사한 견해를 공유하고 있는지의 여부를 알 수가 있을 것이다. 그러면 설득이 어느 정도 되었는지를 알 수가 있게 된다.

민감한 주제와 관련된 의견 전달

진지하고 직접적인 말로는 지나치게 대결적이거나 상대를 당혹하게 만들 잠재성이 있거나 위험을 초래할 가능성이 있는 대화 상황에서 유머는 특히 유용한 의사소통의 형태가 된다.

예를 들면, 두 친구가 의견 차이로 진지하게 토론을 하고자 시도한다면, 끝없는 주장과 반론에 휘말려 들어 좌절감과 곤혹감에 빠질 수도 있다.

그러나 상대방의 반대 입장에 대해서 유머를 사용하여 농담을 하게 되면, 두 사람의 서로 다른 견해를 여전히 유지하고 인정하면서도, 상대를 받아들이고 인정하는 느낌을 전달할 수가 있다.

마찬가지로 두 사람의 갈등이 우정을 위협할 만큼 고조된다면, 한 사람의 농담이 두 사람 모두의 체면을 살려 주면서 갈등을 완화시키는 방법이 될 수가 있다.

상대가 비난의 주장을 할 때, 유머로 양보를 이용하는 편이 낫다. 오로지 상대편을 공격할 목적으로 그의 주장에 동의하는 것이다. 이것은 역으로 치는 위트 테크닉이다.

키케로는 저서 《수사학》에서 로마 광장에서 열린 한 재판에서의 예를 사례로 들었다. 여기서는 한 젊은이가 양보를 이용하여 나이든 사람을 반박한다.

나이든 사람 : 이봐 애송이, 어디다 대고 함부로 짖는 거야?
젊은이 : 도둑이 들어서요.

    젊은이는 나이든 사람의 주장을 인정했다. 자기가 개일지도 모른다고. 그런 다음 이를 이용하여 상대편을 바로 치는 것이다.
    성(性)과 관련된 태도와 동기전달은 오해와 거부의 위협으로 가득차 있기 십상이며, 이러한 문제에 대처하기 위해 종종 유머가 사용된다.
    음담패설은 음탕한 이야기와 도리에 벗어나는 상스러운 말이라고 한다. 술자리, 여흥의 자리에서 음담은 빼놓을 수 없는 메뉴이기도 하다. 그러나 잘못하면 혐오감을 주어 대화의 분위기를 망치는 경우도 있으며, 지금은 성희롱으로 지위를 잃고 철창 신세를 질 수도 있다. 가려서 해야 한다.
    성적 의미로도 사용될 수 있는 단어들이 일상용어에 많아서 사람들이 유머러스한 중의어구와 풍자를 사용하여 성적 문제를 안전한 방식으로 이야기하는 이유가 바로 이것이다.
    정적들로부터 유머를 모르는 사람이라고 비난받은 영국 총리 마거릿 대처가 600명의 남자가 참석한 만찬에서 다음과 같은 폭탄성 발언을 하였다.

우는 것은 수탉이지만 알을 낳는 것은 암탉입니다.

유머는 성적 주제 이외에도 정치적 견해와 종교적 견해 등 광범위한 논제에 대한 신념과 태도를 스스로 노출하거나 탐색하는데도 사용할 수 있다.

그러나 발언 수위를 조절하여 적절하게, 그리고 반발이 없도록 사용해야 아무런 탈이 없다.

사회를 꼬집는 유머의 기능

유머는 사회를 비판하는 유용한 도구가 될 수 있다.

실제로 유머는 인간 모순을 가지고 논다. 유쾌하게 또 재미있게, 통쾌하게 말이다. 그리고 '하하하' 웃는다.

유머는 사회예절의 경계를 밀어내고 소위 '성역'을 공격하며, 사회규범에 반기를 드는데도 사용될 수 있다.

대표적인 예가 최고 통치자나 최고 부자를 유머에 등장시키는 것이다.

표현을 유머러스하게 사용함으로써 저항이나 반발을 낮추는 방식으로 유머가 사용된다. 모든 사람들이 유머를 심각하게 받아들이지 않기 때문이다. 바꾸어 말하면 유머이니까 용서가 된다는 얘기이다.

메이저 전 영국 수상은 수상을 7년이나 지냈으며 점잖은 풍모와 신중한 언변, 부드러운 매너로 '정직한 존(Honest John)'이란 평을 들었다. 그는 역량이 의심스러운 야당 의원을 겨냥해 다음과 같이 조롱조로 유머러스하게 말했다.

> 존경하는 의원님은 비싼 교육을 받았는데 과연 교육비가 제대로 쓰인 것인지 알 수 없다. 의원께서 대학에서 공부할 수 있도록 내가 세금을 낸 것이 특권이었는지 의문이다. 내 세금을 돌려받고 싶다.

 맛있는 유머

카트라이트 vs 링컨

1846년 연방 하원의원 선거에서 에이브러햄 링컨은 유명한 감리교 복음전도자이던 피터 카트라이트와 맞붙었다. 선거운동기간 중 링컨은 카트라이트가 인도하는 종교집회에 갔는데 카트라이트가 한참 설교한 후 '새로운 삶을 누리며 하나님을 충심으로 받들어 천국에 가기를 소망하는 자, 모두 일어나시오' 하고 외쳤다. 그러나 일어서는 사람이 몇 안 되었다. 이에 카트라이트가 '지옥에 가고 싶지 않은 자, 모두 일어나시오' 하고 말했다.
이번엔 모든 사람이 일어났는데, 오직 링컨만 그대로 앉아 있었다. 그것을 본 카트라이트가 물었다.
'링컨 씨, 당신은 어디로 가시렵니까?'
링컨의 대답이 압권이다.
'당신만 괜찮으시다면, 전 국회로 가겠습니다.'

갈등을 유머로 해소하라

갈등과 긴장을 부드럽게

가능하면 싸움을 피해라. 그러나 일단 하게 되면 상대방이 질릴 정도로 이판사판 밀어붙여라. 상대의 말을 들어주고 내 말을 아껴라. 남의 말을 듣는 것은 돈도 안 들고 안전하지만 내 말은 시비의 대상이 된다. 빚을 주면 돈과 사람 둘 다 잃고, 빚을 지면 내 마음이 무디어진다……

셰익스피어의 '햄릿'에서 폴로니우스가 집 떠나는 아들 레어티즈에게 건네는 이 충고는 400년 뒤에도 가슴에 남는 말이다.

사람 대 사람에는 상대방에 대해 신경이 쓰는 긴장, 의견 차이인 갈등이 있기 마련이다. 엄숙 모드로 하면 갈등의 골은 마냥 깊어져 간다.

설령 우리가 옳고 상대편이 분명히 잘못했다 하더라도, 그 사람의 체면을 잃게 하면 곧 자존심에 상처를 주게 된다.

프랑스의 전설적인 초창기 비행사이자 작가인 생떽쥐베리는 이런 글을 쓴 적이 있다.
'누구에게도 그 자신을 과소평가하도록 만드는 말이나 행동을 할 권리가 내게는 없다. 중요한 것은 내가 그 사람을 어떻게 생각하느냐가 아니라 그가 그 자신을 어떻게 생각하느냐이다. 사람의 존엄성에 상처를 주는 것이야말로 죄악이다.'

유머는 사람들 간의 갈등과 긴장을 부드럽게 만들어 주는 유용한 수단이 될 수 있다.

매일 얼굴을 맞대야만 하는 부부나 동료와 같이 친밀한 관계를 유지하는 동반자들 사이에서 엄숙 모드를 사용하게 되면, 설득도 하지 못하고 갈등을 해소할 수 없는 끝없는 논쟁으로 빠져들어서 결국 분노와 냉소를 상승시켜 관계를 불안하게 만들 가능성도 있다.

유머 모드는 동반자들에게 자신의 강력한 반대의견을 표현하고 갈등을 인정하도록 만드는 동시에 자신들의 관계에 대한 지속적인 충실도에 반하는 메시지도 전달이 가능하다.

따라서 유머는 두 사람이 상대방을 향해 동시에 견지하고 있는 상충된 감정과 태도에 내재하는 불합치를 가지고 놀이를 하며 웃어젖히는 방법이 된다. 칼로 물 베기식이다.

노스크리프 경은 공개하고 싶지 않은 자기의 사진이 신문에 나와 있는 것을 발견하고 편집장에게 편지를 썼다.
그러나 그가 '내 마음에 들지 않으니 그 사진을 신문에 게재하지 마시오' 라고 썼을까? 아니다. 노스크리프 경은 보다 차원 높은 동기에 호소했다. 누구나 마음에 품고 있는 어머니에 대한 존경과 애정에 호소했다 '제 사진을 신문에 싣지 말아 주십시오. 어머니께서 대단히 싫어하시니까요' 라고 쓴 것이다.

결과적으로 유머나 농담이 생성하는 환희의 긍정적 감정, 그리고 공유하는 웃음은, 두 사람의 견해가 다름에도 불구하고 관계의 결속력과 긍정적 감정을 유지하는데 도움을 준다.

'직업과 사회생활 혹은 일상 속에는 늘 어려움이 있기 마련이다. 그 어려움 앞에서도 웃는 법을 배우자. 여러 곤란한 상황들은 당신이 초래한 일이고 자신의 일부인 것이다. 사람이기 때문에 실수도 할 것이다. 이런 상황을 미리 대비하고 수월히 넘길 수 있도록 무언가를 준비해야 한다. 그것은 삶에 쉼표를 주는 유머이다.

비판조의 주장을 말할 때

'어떻게 표현할 방법이 없네' = '산수유, 남자한테 참 좋은데, 남자한테 정말 좋은데…… 어떻게 표현할 방법이 없네, 직접 말하기도 그렇고' 천호식품 산수유 광고에 쓰인 카피다. 이 멘트는 건강식품 광고에 효능 표시를 금지하는 법을 안타까워한 김영식 회장의 탄식이었다고 하지만, 이후 말하기 곤란한 모든 예민한 문제들의 멘트로 활용되고 있다.

비판은 어느 정도 상대의 자존심을 손상시킨다.
우리는 주위 사람의 결점을 알아차리면 바로잡아주고 싶어 한다.

바로잡는다고 비난이나 비판을 하며 시정 요구를 하지만, 다른 사람이 우리의 결점을 지적해 주면, 순순히 그 의견을 받아들이지 않고 먼저 불쾌하게 생각한다.

> 1964년 2월 25일 떠버리 클레이(무하마드 알리)는 황소 투사인 챔피언 소니 리스튼과 통합 선수권을 건 첫 대결을 한다. 전문가들은 리스튼이 7대 1의 비율로 우세하다고 점쳤다. 떠버리 클레이(무하마드 알리)는 경기를 앞두고 리스튼을 향해 '덩치만 큰 못난 곰'이라고 조롱했다. '나비처럼 날아서 벌처럼 쏜다'는 유명한 말을 던진 것도 이때였다. 상대방을 화나게 하는 작전을 쓴 것이다.

유머성 의사전달은 엄숙 모드를 사용하였더라면 발생할 수 있는 적개심과 증오심의 위험을 감소시킨다.

유머는 진지한 방식으로 의사전달을 하면 잘 받아들여지지 않을 수 있는 비판적 주장이나 비난조의 주장을 말할 때에도 마치 도구로서 이용할 수가 있다.

예를 들면 친근한 놀림에서 유머를 사용함으로써 부드러운 거절이나 감시감독의 메시지를 전달하는 것이다.

메시지가 잘 받아들여지지 않는다면 '농담이야'라고 말함으로써 그 메시지를 거두어 들일 수도 있다. 실제로 모든 사람은 유머의 모호성을 알고 있기 때문에 일반적으로 그러한 거두어 들일 선언이 필요하지 않다.

따라서 유머는 메시지의 충격을 부드럽게 사용하거나, 아니면 상대편이 어떻게 반응하는지 떠보기 위해서 사용할 수 있는 자신과 상대방의 '체면을 살려주는 방법'이기도 한다.

아이러니를 이용한 위트는 사회통제 기능을 가질 수 있으며, 사람들로 하여금 비판과 칭찬을 간접적이고 모호하게 표현함으로써 그 과정에서 말하는 사람과 듣는 사람의 체면 손상을 피하게 해준다.

아이러니성 비판의 한 예는 형편없는 플레이를 한 선수에게 '대단한 솜씨였어'라고 말하는 것이다. 아이러니성 칭찬은 멋진 플레이를 한 선수에게 '너 정말 게임에 푹 빠졌더군'이라고 말하는 것이다.

놀라울 것도 없이 결과를 보면 아이러니성 표현이 직접적 표현보다 더 유머러스한 것으로 지각된다.

놀림의 대상이나 웃음의 표적이 된다는 것은 고통스러운 것이며, 대부분의 사람들이 기피하려는 것이기 때문에 공격형 유형의 유머는 사람들로 하여금 원하는 행동에 동조하도록 강제하는 방법으로 사용할 수도 있다.

즉 사람의 일탈적 행위와 특성을 조롱하거나 놀림으로써, 사회집단 내에서 유머는 집단규범을 강화하는데 자주 사용된다.

'오줌싸개'라고 놀리면 아이들이 싫어하며, 조심스러워하는 것과 같은 것이다.

유머를 '체면 유지용'의 의사소통에 사용하는 데는 단지 두 사람이 관여하는 것이 보통이지만, 보다 공격적이고 위협적인 유머 사용은 세 사람이나 집단을 향해서 하기도 한다. 이른바 운동경기의 응원에서 상대편을 야유하는 것과 같다.

면책받기

제자가 현자에게 물었다. '스승님, 어찌하면 실수를 하지 않고 살 수 있을까요?' 제자에게 현자가 말했다. '자네는 실수 중에서 가장 큰 실수를 하려고 하는군!'

이 세상에서 실수나 잘못을 하지 않는 완전한 사람은 없다. 유머는 힘든 상황을 받아들이고 그 상황을 자신에게 유리하도록 만들 수 있다. 자신의 난감한 상황에 먼저 농담을 하는 것은 일이 엉망이 됐을 때에도 효과 만점이다.

자녀나 배우자나 부하직원들에게 그들이 어떤 일에 무능하다거나 재능이 없다거나, 하는 일이 모두 잘못되어 있다고 말해 보라. 그렇게 되면 잘해 보려는 마음의 싹을 모조리 잘라 버리는 것이 된다.

그 반대 방법을 사용해 보면 어떨까?

사람들은 모종의 실패를 경험하거나 어떤 방식으로든 자신의 정체를 드러내야 하거나 아니면 속임수에 빠져들었거나 부적절한 행동을 알아챌 때, 체면을 유지하기 위해서 유머를 사용하기도 한다.

제안하였거나 과거에 행한 행위가 의도한 것은 농담이었기 때문에 심각하게 받아들일 필요가 없다는 사실을 나타나기 위하여 유머를 사용함으로써, 자신을 면책하여 체면을 유지할 수 있다.

　이 경우에 유머를 하는 방법을 생각해 보자.

　주장에서는 무엇보다도 방어할 때 효과적으로 이 조롱하는 방법을 이용할 수 있다. 먼저 상대편의 주장을 받아들인 다음 그 논리를 살짝 비틀어서 그대로 돌려보내는 방법을 취하도록 한다. 이 방법은 아이들의 경우에는 다소 유치해도 잘 이용한다. '어 그래? 내가 ○○(욕)이면 넌 그보다 훨씬 나쁜 ◇◇(더 심한 욕)다.'

　그러나 양보하는 척을 통해 자기편에 유리한 방향으로 이끄는 것도 멋진 위트의 방법이 된다.

> 케네디는 전직 대통령인 트루먼과 자주 언쟁을 벌였다. 트루먼은 케네디를 향해 욕설을 퍼붓기도 했다. 케네디는 웃으며 말했다.
> '트루먼이 저보고 'SOB(son of a bitch, 개자식)'라고 한데 대해 사과할 걸로 봅니다. 그리고 저는 제가 'SOB'인 것에 대해 트루먼에게 사과할 계획입니다.'

　이와 같이 양보와 재치를 결합하면 상대방을 멋지게 조롱할 수 있다. 멋진 반박거리가 생각나는 기회가 발견되면 상대편을 완전히 무너뜨릴 수도 있다.

　매도 먼저 맞는다는 말처럼, 자신의 난감한 상황에 먼저 멋쩍은 표정으로 뒷머리를 긁적이며 웃으면서 '내가 멍청했나 봐요' 농담을 하는 것은 일이 엉망이 됐을 때에도 효과 만점이다. 그러면 상대는 비난하지 못한다.

 생각하는 유머

힘자랑에 관한 이솝우화

해님과 바람은 누가 더 힘이 센지 서로 말다툼을 벌였는데, 바람이 말하기를 '내가 더 힘이 세다는 것을 보여줄 테야. 저 밑에 코트를 입은 노인이 있지? 내가 너보다 빨리 저 노인의 옷을 벗길 수 있어' 라고 했다. 그래서 해님은 구름 뒤에 숨었고, 바람은 거의 폭풍이 될 지경까지 불어댔지만, 세면 셀수록 노인은 외투를 더 꼭 움켜잡았다. 마침내 바람은 포기했고 해님이 구름 뒤편에 나와 노인에게 다정한 미소를 보냈다. 그러자 노인은 금방 땀을 닦으면서 외투를 벗었다. 그때 해님은 '온순하고 다정함이 노함이나 강압보다 항상 더 힘이 세다' 고 바람에게 말했다.

협상과 중재에서 유머 기법으로 설득하라

인간적 끈을 찾아라

FTA(자유무역협정)로 협상은 국가 간의 중요한 과제가 되고 있다. 이 협정을 얼마나 잘하느냐에 한 나라의 경제가 좌우되기 때문이다.

'협상(協商, negotiation)'이란 말은 다양한 의미로 쓰이는데 '교섭'이란 의미로도 쓰인다. 국어사전에서는 어떤 목적에 부합되는 결정을 하기 위하여 여럿이 서로 의논하는 것으로 정의하고 있다.

협상은 정치나 비즈니스 세계뿐만 아니라 일상생활에서도 물건값의 흥정과 같이 사람 간의 상이한 의견 조정에서도 흔히 발생한다. 이렇게 보면 협상은 인간의 살아가는 과정에서 없어서는 안 될 현상이다.

'인생의 8할은 협상이다'라고 허브 코헨은 말했다. 그는 지미 카

터와 로널드 레이건 전 미국 대통령 시절 미국 정부의 대(對)테러리스트 협상을 맡으며 세계적인 협상가로 떠오른 경험이 풍부한 협상 전문가이다.

냉정하며 계산적일 수밖에 없는 협상자도 분명히 감정이 있는 동물이다. 줄다리기 협상에 임하는 협상자는 상대방의 기분이 나쁘지 않게 하며 얻을 것은 다 얻어내는 태도가 필요하다.

여러 학자들은 유머가 협상과 중재를 촉진하는 중요한 도구라고 주장해 왔으며, 특히 쌍방이 갈등과 긴장을 겪고 있을 때에, 유머를 효과적으로 사용하는 능력은 민감한 협상에 관여하는 사람들에게 중요한 사회적 기술일 수 있다고 한다.

적절한 유머는 최고의 협상전략이다. 마음을 열어야 지갑도 열린다 하지 않는가. 기억하자. 웃음은 세상을 내 편으로 끌어오는 자석이다.

외교통상부는 해마다 외무고시에 갓 합격해 연수 중인 예비 외교관에게 영어 유머집을 한 권씩 지급한다고 한다. '말〔言〕'로 상대를 설득해야 하는 외교관에게 촌철살인의 유머 한마디가 백마디의 열변보다 효과적일 때가 있기 때문이다.

협상을 시작할 때 양측이 만나면 대부분 '이 협상에서는 내가 이겨야겠다'라는 경쟁의식이 먼저 협상 테이블을 지배하게 되어 서로 긴장을 한다. 이러한 경쟁의식을 바꿔서 협동적 협상의 분위기로 만드는 것이 바로 얼음을 깨는 일이 된다.

즉 구체적 논의를 시작하기 전에 상대방과 자신을 연결할 수 있는

'인간적 끈'을 찾는 작업을 먼저 해야 하는 것이 좋다. 그래서 시작 전에 한담을 하거나 덕담을 하며 가벼운 웃음을 자아내게 하는 위트를 던져서 긴장을 해소하며 틈을 찾기도 한다.

진행 중의 유머를 사용하는 것은 단지 농담을 하는 문제가 아니라 대화의 흐름에서 관점을 변경시키고 불가능한 기대를 바꾸며, 관계의 틀을 재구성하고 주제에 관한 다양한 조망을 제공하기 위한 것으로 자연스럽게 표현하는 것이 필요하다.

'지금은 협상장 소파가 딱딱하고 불편한데 다음에 만날 땐 편안한 소파에 앉을 수 있기를 바란다'고 말해 협상의 긴장감을 풀었다는 애기도 있다.

고비 때마다 유머를 하라

능숙한 협상자는 협상과정에서 최초의 참석자 소개부터 문제의 논의로 전환하거나, 문제의 제기에서 협상단계로 전환할 때 같은 주제를 전환하는 시점에서 적절하게 유머를 사용한다.

협상과정에서 상대방이 터무니없는 제안을 하는 경우에는 분명 다른 요구 조건을 뒤에 숨기고 있다고 보아야 한다. 그래서 상대의 주장에 숨어 있는 이면을 잘 끄집어낼 수 있다면 협상은 보다 쉽게 풀려나갈 것이다.

가격을 놓고 씨름하는 것과 같이 특히 어렵거나 민감한 사안을 다루고 있을 때에 유머는 협상자들 간의 긴장을 유연하게 만들고 일치된 의견을 탐색하는데 도움이 된다.

어린 시절 다소 장난꾸러기 기질이 있었다는 아난 UN 전 사무총장은 암탉과 돼지의 협상관련 유머를 가장 좋아한다고 했다.

기아에 허덕이는 사람들을 구하기 위해 많은 달걀과 베이컨을 생산하자는 암탉의 제안에 돼지가 '당신은 일부를 내놓기만 하면 되지만 나는 모든 것을 희생해야 한다' 고 대답했다.

앞에서 논의하였던 바와 같이, '상황을 판단하기 위해서' 그리고 체면을 살리는 방식으로 위험하거나 위협적일 수 있는 메시지를 전달하기 위해서 유머를 사용하는 것은 대인관계 긴장과 갈등적인 견해가 필연적일 수밖에 없는 이러한 맥락에서 특히 적절한 것으로 보인다.

넌지시 유머를 들어가면서 상대의 심중을 탐색하거나 가격조건을 던져보다가 상대의 의사가 단호할 때에는 철회가 가능하며 협상을 지속할 수가 있다.

예를 들어, 잠재적 구매자 측에서는 영업사원의 제품 구입을 거부하고 양보를 요청하며, 끈질긴 구매요청을 중지시키고 가격이 너무 비싸다는 사실을 제안하며, 제품의 질이 형편없다는 것을 암시하는 방법으로 유머를 이용한다.

영업사원은 구매자의 저항을 극복하고, 제품을 구입하지 않으려는 여러 가지 구실들을 비웃으며, 더 이상의 비판을 사전에 제거하기 위한 노력의 일환으로 유머를 사용하기도 한다.

집념의 영업사원
회사 중역이 자기 사무실까지 들어오는 데 성공한 영업사원을 칭찬하며 말했다.
'여기까지 온 걸 보면 당신은 참 대단한 설득력을 가졌군요. 내 비서는 오늘만 15명의 영업사원을 쫓아냈거든요'
그러자 영업사원은
'알고 있습니다. 그 열다섯 명이 모두 저였거든요' 라고 말했다.

따라서 유머는 사업거래에 필연적인 문제점과 긴장에 대처하기 위하여 항시 사용하는 방법이며, 지나치게 대립적으로 보이지 않으면서 자신의 견해를 피력할 수 있게 해준다.

상담과정 중 쌍방의 의견이 대립하거나 상담이 마무리 단계에 접어들기 직전이나 이해하기 어려운 의문점이 돌출됐을 때, 인간적 면모를 보이며 '손에 땀이 나는데요. 좀 쉬었다 하면 어떨까요?' 라고 휴회 제의를 하기도 하며 유머로 열기를 식히도록 하는 것도 협상 테크닉의 하나가 된다.

웃음의 두 얼굴

은은한 미소로 협상에 임하는 김종훈 통상교섭본부장은 한국의 대표적인 통상 분야 협상전문가로 주요 현안 때마다 뛰어난 협상력을 발휘하고 있다. 주변 사람들은 그의 네 가지 성공비결로 끈기, 치밀함, 체력, 유머 감각을 꼽는다. 강단 있어 보이는 체구의 김 본부장은 암벽등반 등으로 몸을 단련했다고 한다.

협상과정에서 웃음 표현은 매우 중요하다. 능글맞게 웃으며 권유를 반복하는 협상자도 있다.

협상에서 웃음은 그야말로 모나리자의 미소와 같이 애매모호할 때가 많다. 협상과정에서 일방의 유머러스한 언급에 상대방이 웃을 것인지의 여부는, 화자의 상대적인 지위나 권한에 달려 있다.

웃음은 경우에 따라 동의나 경멸의 표시이기 때문에 첨예한 문제를 다룰 때에는 스스로 웃음에 제동을 걸기도 한다.

특히 화자가 높은 지위에 있거나(팀 리더) 다른 권한을 가지고 있을 때(판매자가 아니라 구매자인 경우) 상대는 덩달아 웃을 가능성이 훨씬 크다.

반면에 낮은 지위에 있거나 불리한 입장에 처한 사람이 유머러스한 언급을 하였을 때에는 혼자만 웃게 되는 경우가 많다.

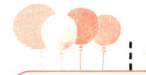 생각하는 유머

빅토리아 여왕은 디즈레리 수상을 상당히 존중하였다. 어느 사람이 다른 여왕 고문은 자주 교체하는데 어째서 당신만이 오래 계속해서 그토록 신임을 받고 있느냐고 물었다.
그러자 디즈레리는 이렇게 대답하였다.
'그것은 간단합니다. 다른 사람은 여왕폐하를 중성(中性)으로서 대하고 있습니다. 그러나 나는 이에 반해서 여성으로 대하고 있습니다.'

나를 바꾸는 유머 화술의 지혜

빙그레 웃는 유정한 사회를 만듭시다.
- 도산 안창호

칼로 벤 상처보다 말로 벤 상처가 더 오래 간다.
- 속담

휴식이라는 신성한 리듬을 회복하라.
- 웨인 밀러

사람의 가치는 타인과의 관련으로써만 측정될 수 있다.
- 니체

4

직장 유머와
리더의 유머를 알아야
유쾌한 일터를
만들 수 있다

직장에서의 유머 감각 키우기

직장의 유머

직장에서는 동료 관계나 상하 관계에서 커뮤니케이션을 통하여 업무가 진행되고 있다. 만약에 대인간에 커뮤니케이션이 없다면 아무런 생산물도 산출할 수 없을 것이다.

그런데 직장에서의 관계란 협동을 하는 관계여야 하지만, 경쟁을 하는 관계라는 점에서 나름대로 의사소통의 많은 문제를 안고 있다.

대부분의 직장 분위기가 너무나 심각하고 엄숙하다는 주장들도 있지만, 여러 연구 결과들을 보면 실제로는 직장에서 유머와 웃음이 상당히 빈번하게 일어나고 있다고 한다.

직장에서 유머와 웃음의 빈도가 절친한 친구들이 편안하게 상호작용할 때의 빈도보다 훨씬 낮았지만(대략 8분의 1정도였다), 빈번하게 주고받고 있다고 집계되고 있다.

이 결과는 유머가 보통 생각하는 것보다 직장에서도 훨씬 일상적이라는 것을 보여 준다.

직장에서 오고가는 유머들은 유머러스한 일화를 말하는 것, 친근하게 지분거리는 것, 그리고 재치 있는 희롱의 형태를 취하는 유머가 많았다고 한다.

유머는 직장에서의 대인관계와 의사소통에서 여러 가지 중요한 (부정적이든 긍정적이든) 사회적 기능을 담당하고 있다.

★ 처칠이 의원이던 시절 중요한 회의에 늦었다. 반대당 사람이 비난하자, '당신도 나같이 아름다운 아내와 함께 산다면 그럴 것이오……' 출근이 늦는 이유는 '잠이 많아서(늦게 일어나서)가 32.1퍼센트'로 가장 많았다. 이어 '습관적으로(24.8퍼센트)'와 '회사와 집이 멀어서(14.7퍼센트)'가 2, 3위로 꼽혔다.

부정적 유머의 사용

한담을 나누는 자리나 술을 하며 회식하는 자리에서 대체로 일이나 상사에 대한 이야기가 술안주로 입에 오르내리기 마련이다. 이런 자리에서 농담을 통하여 스트레스를 해소하며 상대와 친밀감을 공유하는 것이다.

직장에서의 유머에는 긴장과 스트레스 해소라는 이점뿐만 아니라 분위기를 해치는 위험의 잠재성도 가지고 있다. 부정적 유형의 유머는 희롱의 형태로 나타나는 경멸성 유머의 사용이다. 대개 농담의 표적이 되는 사람은 비민주적 상사나 얄미운 짓을 하는 동료들일 것이다.

일을 하는 과정에서도 직장인들은 다른 직장인들과 상호작용함에 있어서 농담을 하고 유머러스하게 희롱을 하며, 임기응변의 재담과 가벼운 놀이를 즐기고 있다. 이런 현상은 유머가 엄격하게 통제되고 반복적인 작업의 단조로움 속에서 재미를 찾고 긴장을 방출하는 방법으로 나온 것이라고 할 수 있다.

이러한 유형의 유머는 다른 사회적 상황에서와 마찬가지로 직장 환경에서도 사람들 간의 상호작용에서 빈번하게 일어나는 보편적 형태의 사회적 의사소통인 것이다.

감독하는 관리자는 직원들을 일에 몰두하도록 만들며 그들과의 관계에 내재하는 갈등과 권력의 차별을 무마하기 위해서 유머를 사용하고자 시도를 하지만, 직원들은 이러한 제안을 거부하고 관리자를 농담 관계에서 제외시키는 경향도 없지 않다.

> 영업 관리자가 직원들에게 각자의 할당량을 달성하라고 격려했다. 그는 인센티브로 목표를 달성하는 직원에게 자기의 바닷가 별장을 쓰게 해주겠다고 제의했다.
> 그러자 한 직원이 '해변에 별장을 가지고 계신 줄은 몰랐습니다'고 말하자 그가 대답했다.
> '지금은 없지. 그렇지만 자네들 모두가 목표를 달성하면 별장을 살 수 있게 된다네.'

문제는 조직이 어렵거나 힘든 상황에서는 회사 조직에 대한 저항감을 높이는 마이너스 역할을 한다는 점이다. 예를 들면, 현장 작업자들의 유머에는 관리자와 사무직 근로자를 놀려 먹고, 자신들은 이들과 다르다는 것과 이들에 대한 적대감정을 강조하는 내용이 많다.

이러한 점들은 직장에서의 유머가 팀워크와 협동심에 공헌하는 기능뿐만 아니라, 직원의 사기와 생산적인 작업환경에 해를 끼치는 기능도 한다는 것을 시사한다.

이러한 문제에 대한 관리자의 과제는 재미와 웃음의 수준을 증가시키는 것이 아니라, 이미 존재하는 유머의 의미를 이해하고 그 유머를 보다 생산적인 방향으로 돌리고자 노력해야 한다.

긍정적 측면에서 본다면 직장에서 유머러스한 상호작용이 가져오는 친밀감과 팀워크, 그리고 창의성의 증진은 작업환경을 더욱 즐거운 것으로 만들어 줄 뿐만 아니라, 생산성을 증진시키고 회사의 근간을 튼튼하게 만들어 준다고 학자들은 주장한다.

그래서 전사적으로 일에 재미를 불어넣어주는 유머경영의 필요성이 대두되고 있는 것이다.

유머의 의사소통 기능

작업 상황은 모호함과 불확실성으로 가득 차 있기 십상이기 때문에 의사소통이 신속하고 원만하게 이루어지지 못하고 왜곡되거나 누락되기도 한다.

   직장에서 의사소통의 근간은 상하관계에서 발생한다. 쉽게 말해 지시하는 사람과 지시받아 수행하는 사람들 간의 의사소통이다.

   직장인들이 가장 고민하는 관계는 감독자인 상사와의 관계이다. 상사와의 관계가 최악의 긴장상태로 치닫고 있다면 일이 손에 잡히지 않을 것이다.

   그러므로 상사나 리더가 던지는 유머는 사람들의 긴장을 완화시키고 즐거움을 증진시키도록 해주는 놀이의 한 형태일 뿐만 아니라, 엄숙 모드를 사용해서는 표현하기 어려운 특정 유형의 정보를 전달하는 데 유용한 의사소통의 한 양식이기도 하다.

   일을 잘하던 사람이 일을 형편없이 하기 시작하면 어떻게 하겠는가? 그 사람을 해고시킬 수도 있겠지만 그것으로 문제가 해결되는 것은 아니다. 야단을 칠 수도 있지만 그러면 반감만 불러일으킨다.

   지혜로운 사람은 유머 속에 자신의 의사를 표현할 줄 안다. 아무리 어려운 상황도 말을 잘하면 비껴나갈 수가 있다.

직원과 보스의 차이
부하직원이 실수하는 것은 멍청해서다.
보스의 실수는 인간이기 때문이다.
직원이 일을 하지 않으면 게으른 것이다.
보스가 일을 안 하는 것은 바쁘기 때문이다.
직원이 예절을 지키지 않는 것은 무례한 것이다.
보스가 예의에 어긋나는 행동을 하는 것은 자신감에서다.

상사가 결정한 내용에 동의하지 않는 직원은 상사에게 공개적으로 대립각을 세우기보다는 상황을 살펴보기 위해서 그 결정내용에 대한 농담성 언급을 해 볼 수 있다. 만일 상사가 기분 나쁘게 받아들인다면, 직원은 '그냥 농담이었습니다'라고 말함으로써 비난을 쉽게 비켜갈 수 있다.

이와 같이 유머는 사회적 위험성을 내포한 메시지를 다의적 맥락에서 전달함으로써, 그 메시지가 제대로 전달되지 않을 때 발설자와 청중이 모두 '체면을 살릴 수 있도록' 해주는 데 자주 사용된다.

강화 유머와 선동적 유머

얼마 전만 해도 일상 업무나 회의에서 유머는 물과 기름처럼 어울리지 않는다는 것이 정설이었다. 웃음에 인색한 건 사람들이 하루의 대부분을 보내는 직장에서도 마찬가지였다. 그러나 시대가 바뀌었다.

최근 몇 년 동안 일부 기업들은 유머 경영 혹은 편 경영을 도입해 왔다. 즐겁게 일하는 것만큼 생산성을 높일 수 있는 방법은 없다는 판단에서다.

그러나 대부분의 직장인들은 근무 시간에 유머를 하는 것을 꺼린다. 그리고 회식 자리에서나 필요한 것이라고 간주한다. 물론 이러한 생각은 보신(保身)적 차원의 것이다.

그러나 유머를 적기에 잘 하는 사람은 사무실을 밝게 하고 힘든 일의 중압감을 해소시키며 다른 사람들을 즐거운 분위기에서 일하게 만들 수가 있다. 이런 이유로 유머를 잘하는 사람은 능력자로 평판이 높아지게 된다.

직장인 사이에서 하는 유머의 성격을 분석해보면, 기존의 유대감과 권력 관계를 강화시키는 '강화 유머'와 기존의 권력 관계에 도전하는 '선동적 유머'가 있다.

강화 유머는 참여자 간의 친근하고 동료애적 관계를 강조하고 유지시키는 기능을 담당하는 재미있는 일화와 농담성 언급으로 구성이 된다.

선동적 유머는 가장 빈번한 것이 경구의 사용인데, 이것은 진행 중인 행위나 토의하고 있는 주제에 대한 농담성 비난(함께 참가하고 있는 누군가를 향한 재치 있는 비난이나 경시성 언급), 그리고 한 사람이 다른 사람의 말하는 스타일을 패러디하는 역할놀이를 하는 경우도 있다.

의사, 엔지니어, 변호사 이렇게 세 사람이 누구의 직업이 가장 오래 되었느냐 하는 문제를 놓고 논쟁을 벌이고 있었다.
'신이 창조를 시작하신 여섯 번째 날에 아담의 갈비뼈를 떼어서 이브를 만드셨잖아? 그러니까 신은 처음에 외과의사였어!' 하고 의사가 말했다.
그러자 엔지니어가 한마디 했다.
'천만에, 그보다 신은 혼돈과 혼란으로부터 이 세상을 만드셨네. 그러니까 신은 처음에 엔지니어인 셈이지'

변호사가 잘난 체하며 말했다. '그거 꽤 재미있는 생각이군. 하지만, 그 혼돈과 혼란을 만든 이는 과연 누구이겠는가?'

웃기는 기술을 잘 활용하면 의사소통의 윤활유이자 직장생활에서 성공을 가져오기도 하지만, 반대의 경우 '가볍다, 진지하지 못하다, 쓸데없는 소리를 한다'는 상사나 동료의 평가를 받기도 한다.
유머는 상황과 상대를 보고 위트있게 하되, 아이러니나 펀, 패러디를 이용하도록 한다. 길게 하지 말고 3분 이내로 간결하면서 세련된 유머를 하는 것이 좋을 것이다.

생각하는 유머

정글 속의 의사 슈바이처가 중앙아프리카의 황야에서 처음으로 자전거를 사용하였다. 그것은 원주민들 사이에 큰 센세이션을 불러일으켰다.
그뿐만 아니라 혐오조차 가져오게 하였다.
'저 백인들은 어쩌면 저렇게 게으를까? 달릴 때조차도 앉은 대로야!'

앞서가는 기업의 유머 화법

기업의 유머 문화

기업마다 나름대로 문화가 있고 윤리가 있다.

기업 문화 또는 조직 문화라는 개념은 조직구성원들을 하나로 묶어 주고 차별적 정체성을 부여해 주며, 공유하는 가치, 규범, 그리고 행동패턴들을 지칭했다.

조직심리학자들은 조직이 생산성과 경쟁성을 유지하는 정도를 결정하는 데 있어서 기업 문화가 중요한 요인이 되었다.

전형적으로 직장의 업무는 '심각한 작업'으로 간주되며, 놀이와는 상극인 것처럼 보인다. 그렇지만 최근에 직장에서 일어나는 유머의 양을 증가시키는 것의 잠재적 이점에 대하여 상당한 관심이 모아지고 있고, 학자들은 조직구성원 간에 유머를 공유하는 것이 성공적인 기업 문화의 중요한 측면이라고 주장한다.

성공적인 조직 문화를 만드는 한 요인이 직원들 간의 동료의식과 자신이 하는 일에 대해서 긍정적으로 생각하게끔 한다는 사실에 유머 경영의 포커스가 맞추어진다.

직장에서는 구성원들 간의 상호작용은 과제 달성을 위해 집단 목표를 달성하고, 아울러 원만한 관계를 유지하는 것이다. 유머는 과제 달성의 압력이 생겨나기 시작할 때에 스트레스 완화자로 작용함으로써 구성원들이 원만한 관계를 유지하는 데 도움을 준다.

뿐만 아니라 유머가 직원들 간의 유대감을 생성함으로써 과제 달성을 촉진하는 경향이 있다는 연구 결과도 있다.

보다 구체적으로 살펴보면, 조직에서 유머 경영을 도입하고 있는 이유로서 세 가지 이점을 들 수 있다.

첫째, 유머를 권장하는 놀이적인 작업환경은 행복하고 건강하며, 업무 수행에 따른 스트레스가 적고 보다 생산적인 노동력을 만들어 냄으로써 직원과 상사 간의 더 좋은 사회적 상호작용을 가져오고 창의적 사고와 문제해결 능력을 배가시키는데 기여한다.

둘째, 신입사원을 조직 문화로 끌어들여 결속시키고 보다 즐거운 작업환경을 만들며, 지위에 따른 차별을 완화시킴으로써 신입사원이 협동하여 작업하기 용이하게 만드는 수단으로, 그리고 자신에게 부여된 과제를 완수하도록 환기시키는 방법으로 유머를 사용하는 것이 가능하다. 결국 신입사원이 잘 적응하지 못해 퇴사하는 문제의 해결책으로 유머가 필요하다는 이야기이다.

셋째, 직장에서 유머를 장려하는 이러한 노력은 직원들뿐만 아니라 경영진에게도 매력적이다. 왜냐하면 두 집단 모두에게 즐거움을 제공한다는 느낌을 더 많이 갖게 만들기 때문이다. 또한 조직 입장에서는 생산성, 그리고 효율성을 증가시키기 때문이다.

기업의 유머 문화 사례

최근 우리 기업 중에도 '펀 경영'을 도입한 곳이 꽤 있지만 그 원조는 미국의 사우스웨스트 항공사이다. '펀 경영'의 생활화로 이 회사는 1971년 창사 이래 한번도 적자를 내지 않았다고 한다.

회장인 허브 켈러허는 엘비스 프레슬리와 같은 무대의상 차림에 오토바이를 타고 공식행사에 등장하기도 하며, 항공사 직원들은 짐칸에 숨어 있다가 갑자기 고객에게 '놀랐지요(What a surprise)' 하며 나타난다.

기내방송도 '이 비행기는 금연입니다만, 흡연석이 한 곳 있습니다. 밖에 있는 날개입니다'라며 조크를 던지기도 했다.

영국의 경영전문가인 데이비드 클루터벅은 그의 저서 《잘나가는 기업, 남다른 경영》에서 이 항공사를 대표적인 예로 들면서 '펀 경영'을 미래의 화두로 꼽았다.

세계의 젊은이들이 가장 좋은 직장으로 손꼽는 검색 기업인 구글의 CEO인 에릭 슈미트가 직원들의 몰입을 이끌어내는 비결도 재미있다.

이 회사는 직원들에게 17개의 식당에서 전속 요리사 150명이 식사를 무료로 제공한다. 그래서 직원들이 아침 일찍 출근하고 늦게 퇴근하고 싶도록 만든다. 인간 냄새 풍기는 '밥'이 조직 문화에 지대한 역할을 한 것이다.

애플의 공동 창업자 스티브 워즈니악과 트위터의 공동 설립자인 비즈 스톤은 자유로운 사고와 유머 감각이 자신들을 성공으로 이끌었다고 각 신문과의 인터뷰에서 강조한 바 있다.

특히 스티브 워즈니악은 애플, 야후, 트위터 등 저명한 회사들은 모두 경제력은 없지만 새로운 정신과 꿈을 가진 젊은이들이 만들었다며, 자신 또한 대학생일 때 작은 컴퓨터를 만들어보자는 생각으로 스티브 잡스와 함께 애플을 만들어서 성공했다고 자신의 성공 비결을 밝혔다.

그는 또 '유머는 창의성과 연결돼 있고, 결국에는 유용하고 예술적인 작품을 만들어 낸다'며 유머를 성공 비결로 꼽았다.

유머 경영의 과제

직장에서 유머를 장려해야 한다고 주창하는 긍정적 입장들은 직장에서 증가된 유머의 수준이 팀워크와 협동, 직원과 관리자 간의 사회적 상호작용의 개선, 직원 사기와 건강의 증진, 스트레스의 감소, 창의성과 문제해결, 그리고 생산성의 증가 등을 포함한 다양한 이점을 가져온다고 주장했다.

유머경영을 도입하여 직장에서 유머의 자질을 개선하려면 단순히 직원들을 재미있는 이야기를 듣고 이벤트 행위에 몰입하게 만드는 워크숍에 참석시키는 것보다는, 전반적인 조직 문화와 권력구조를 개선하려는 노력이 더욱 요구된다.

유머 경영을 도입하려면, 첫째 유머를 제어하고 관리하기가 어렵기 십상인 정서적이고 무의식적인 요소들로 구성된 자발적인 사회 행동이라기보다는, 통제할 수 있고 성공의 도구로 사용할 수 있는 계획된 행위로 보아야 한다.

둘째, '조소하기'와 '함께 웃기'를 구분해서 유머가 갖고 있는 해독을 제거한다는 것이다. 민족이나 성차별적인 유머를 하는 것도 교양 있는 직장사회에서 무례하고 부적절한 것으로 간주해야 한다.

대신에 부적절하고 공격적인 유형의 유머를 사용하지 않도록 조심하는 반면, 긍정적이고 상대를 배려하는 유형의 유머를 사용할 것을 권장한다. 나아가서 유머의 유형은 회사에 도전하거나 내 방식대로 변화시키고자 시도하기보다는 조직을 있는 그대로 받아들이는 것에 목표를 맞춘 유머이어야 한다.

셋째, 직장 내의 회의가 유연한 분위기에서 진행되도록 해야 한다. 명랑한 회의 분위기는 신선한 창의적 아이디어를 산출해내는데 그 무엇보다도 많은 기여를 한다. 열광적이고 재미있게 접근하면 최적은 아니더라도 창의적이고 독특한 해결안이 나올 수가 있기 때문이다.

과제지향적인 간부사원 회의에서 일어나는 유머 연구에서 조직 구성원들이 토의 중에 문제의 확인단계에서 해결단계로 이동할 때와 같은 전환점에서 유머와 웃음이 가장 빈번하게 일어난다고 한다. 이러한 시점에서의 유머는 문제를 해결하기 위해서 머리를 맞댈 준비가 되어 있다는 것을 신호해 주며, 구성원들 사이에서 개방적이고 수용적이며 상호지원적인 태도를 전달하는 것이다.

　넷째, 환경적 요소로서 즐거운 분위기를 조성해 주어야 한다. 직원들이 휴식 시간에 재미있는 이야기를 하고, 스트레스를 받을 때 볼 수 있는 유머집과 풍자만화들을 수집해 놓으며, 게시판에 동료의 재미있는 아기 사진을 게재하는 것과 같은 놀이적 활동을 할 수 있도록 적극 권장한다.

 생각하는 유머

> 배우자 중매 컴퓨터 앞에서 한 사나이가 원하는 배우자형을 다음과 같이 써넣었다. '키가 커야 함. 각선미가 좋아야 함. 재산이 많아야 함'
> 잠시 후 컴퓨터에서 해당란에 답하라는 설문이 나왔다. '당신은 키가 큰가? 체격이 우람한가? 미남인가? 머리가 좋은가? 재산이 많은가?'
> 사나이는 주저하다가 모두 '아니오'라고 써넣었다. 컴퓨터는 즉시 다음과 같은 답을 내놓았다. '미쳤군.'

3 리더십으로서의 유머 성공 전략

유머 센스와 리더십

　루즈벨트 미국대통령은 '국민은 리더와 보스의 차이를 안다. 리더는 공개적으로 일하지만 보스는 숨기는 게 많으며, 리더는 앞장서 이끌지만 보스는 밀어붙인다'고 했다.
　유능한 리더십은 정보의 제공과 추구, 의사결정, 상대방에게 미치는 영향, 그리고 관계의 형성이라고 하는 보편적 영역에서의 역량을 필요로 한다.
　이렇게 광범위한 리더십의 영역은 다양한 행동들로 분할되어 왔으며, 그 행동들은 부하직원, 동료, 그리고 상사와 소통하고 잘 어울리는 능력, 갈등을 다루는 능력, 상대방의 동기를 높이는 능력, 집단 응집성과 협동을 증진시키는 능력 등과 같이 대인관계 및 의사소통과 관련된 것들이라고 할 수 있다.

대인 관계 및 의사소통과 관련된 좋은 리더의 유머 센스는 지능, 창의성, 설득력, 우수한 화법, 그리고 사회적 기술 등과 함께 유능한 리더십의 중요한 덕목이다.

직원들이 느끼는 리더의 유머 스타일

리더에게 가장 나쁜 덕목은? '유머 센스가 없다'는 것이다. 부하 직원에게 가장 나쁜 덕목은? 역시 답은 같다.

부하 직원들에게 자기의 상사를 유머 감각과 관련된 리더십자질 차원에서 점수를 매기도록 요청함으로써, 양자 간의 상관 관계를 밝히고자 하는 여러 연구들에서 다음과 같은 결론이 나왔다고 한다.

자신의 상사가 유머 감각이 높은 것으로 평가한 직원들이 그렇지 않은 직원들에 비해서 높은 직무만족도를 가지고 있으며, 그 상사가 일반적으로 긍정적인 리더십 특성을 더 많이 가지고 있다고 생각한다.

자신들이 모시고 있던 특별히 좋았던 리더와 나빴던 리더의 성격 특질에 관하여 질문했던 조사 연구에서 좋은 리더는 따뜻하고 유능하며 자애로운 유머 스타일을 더 많이 가지고 있다고 평가한 반면, 나쁜 리더는 냉담하고 서투르며 천박한 유머 스타일을 가지고 있는 것으로 보았다. 이 결과들은 리더가 어떤 유머 리더십을 발휘해야 할지를 시사하는 연구이다.

 긍정적 유머란 관리자가 의사소통하기 위해서 유머를 사용하는 것, 재미있는 농담, 그리고 공격적이지 않은 유머의 사용을 지칭하는 반면, 부정적 유머는 성적 유머와 모욕적 유머의 사용을 지칭하는 것이다.

 관리자가 부정적 유머를 많이 사용한다고 하면 리더십과 관리능력이 저하되며, 조직의 생산성 향상이나 분위기에 마이너스 요소로 작용하게 될 것이다.

여성 리더와 유머 리더십

 여성의 사회적 진출이 활발해지면서 많은 직장에서 여성 관리자들이 증가하고 있다.

 여성 간의 상하 관계는 어떠한가?

 남성 지배적 환경에서 커리어를 쌓아가는 여성들은 자신들에게 유리한 한 가지가 있다고 믿고 싶어한다. 같은 여성인 상사이다. 그러나 실제로는 여성 상사가 여직원의 승진 가능성을 어렵게 하는 경우도 있다고 한다.

 유리천장(눈에 보이지 않는 장벽)을 뚫고 올라간 간부 여성이 여직원보다 남성 부하 직원을 더 도와준다는 것이다.

★ 미국 신시내티대학교 연구팀에 따르면, 여직원을 격려해주기는커녕 오히려 방해하는 성향이 있는 것으로 나타났다. 여성 상사의 '여왕벌 증후군'이 경영직 사다리를 올라가려는 여성들에게 중대한 걸림돌이 된다는 얘기다.

그래서 남자 직원들에게 더 많은 지원과 조언을 해줌으로써 과잉보상을 한다. 그런 탓인지 여자 직원들은 직설적이고 뒷담화가 덜하며, 감정기복이 적은 남자 상사를 선호한다는 조사도 있다.

성별 측면에서 보면, 남성 관리자가 여성 관리자보다 긍정적 유머와 부정적 유머를 모두 더 많이 사용한다고 한다.

남성 관리자들과 비교할 때 여성 관리자가 자애로운 유머를 사용하는 것은 직원들이 지각하는 여성 관리자의 리더십 능력이 더욱 뛰어나다고 보고 있는 반면에, 여성 관리자가 성적 유머나 공격적 유머를 사용하는 것에는 매우 부정적인 평가를 한다.

유연한 감성 리더십

중요한 의사소통 역량의 하나인 유머는 많은 영역에서 리더와 관리자에게 매우 유용한 것으로 볼 수 있다.

분명하게 규정하고 동기를 부여하며 행동을 변화시키는 데 도움을 주며, 창의성을 낳고 스트레스에 대처하며, 관리자와 부하 직원 간의 상호작용을 보다 긍정적이고 덜 긴장되도록 만든다는 점에서 유머의 사용은 많은 득이 된다.

조직에서는 회의는 아주 중요한 의사소통이다. 정책을 결정하고 힘을 모으는 기능을 한다. 이 기능을 강화시키려면 조직 내의 회의에서 하위 직원이 상사나 다른 사람의 의견에 이의를 제기하거나 집단의 결정에 반론을 제기하는 것이 용납되어야 한다.

즉, 부드러운 회의 분위기가 조성되어야만 한다. 그렇지 않으면 회의 무용론이 대두되고 시간 낭비가 될 것이다.

조직의 분위기는 바람과 같다. 분위기에 상사가 차지하는 비중이 매우 크다. 상사가 엄숙 모드로 일관하면 직원들을 쥐어짤 수밖에 없다. 거기에는 일방적 지시와 강압만이 있을 뿐이다. 그러면 성과가 보통 정도에 그치거나 조금 향상되지만 사기가 저하되어 결국 성과도 하강한다.

조직의 분위기와 사기를 위해서는 많은 학자들이 지적했듯이 유머를 이용하여 더 자유롭고 열린 대화를 가능하게 해서 오해를 줄이고 정보공유를 증가시키며, 결과적으로 조직 실적에도 긍정적인 영향을 미칠 수 있도록 해야 한다.

아직도 우리 사회에는 유머가 직원들을 까불고 방자하게 만들어 상사의 권위에 마이너스가 되지 않을까 우려하는 상사들이 많다. 실제로는 마이너스가 되지 않고 리더십에 플러스가 된다.

유머가 많으면 많을수록 직장생활은 즐겁다. 직장은 엄숙해야 하고 긴장해야 할 곳이 아닌 좀 더 즐거운 일터가 돼야 한다.

그렇다면 이제는 실천할 때다. 당장 오늘부터라도 유머스럽게 부하 직원과 대화해보자. 자신이 알고 있는 재미있는 유머를 미팅 시간에 활용하여 부드럽고 존경받는 유머러스한 리더가 되어보자.

 생각하는 유머

석유왕 존 록펠러가 워싱턴의 월라드 호텔에 묵었을 때 욕실이 없는 제일 싼 방이 있느냐고 물었다. 접수계원은 어이가 없었다. 그래서 항의하듯이 말하였다
'록펠러님, 자제 분이 여기 묵으실 때에는 언제나 제일 좋은 방에 들곤 합니다.'
그러나 록펠러는 이렇게 말하였다.
'아들에게는 돈 많은 부친이 있습니다. 그러나 나는 그런 행복을 타고나지 못하였습니다.'

CEO와 정치지도자의
유머 리더십 전략

신뢰감을 주는 리더

생각과 생활 방식이 다른 수많은 사람들을 이끌어야 하는 리더십! 묵시적 반발도 있고 발목을 잡는 적지 않은 반대자들도 있다. 실제로 역사의 한 페이지를 장식한 위대한 리더들의 말은 분열 대신 단합, 좌절대신 도전하는 용기를 줌으로써 희망이 되고 비전이 되었다.

그렇지만 당사자인 최고 리더는 고민한다.

샤를 드골 프랑스 대통령이 다양한 개성을 가진 프랑스 국민들을 통치하는 것이 보통 어려운 일이 아니라며, '264가지 치즈가 생산되는 나라를 어떻게 다스릴 수 있겠는가'라고 한탄했다고 한다. 그 자신의 정치관을 역설하며, '나는 이틀 후의 신문 표제가 될 정치를 하고 있습니다'라며 지도자의 어려움을 토로했다.

고대 그리스에서조차 괴변적 달변을 구사하는 리더보다 솔직담백하게 말하는 리더를 더 신뢰했다.

'제가 한국에 가겠습니다' 1952년 아이젠하워 미 공화당 대통령 후보가 한국전쟁 장기화의 우려를 불식시키기 위해 방한을 약속하며 한 말이다. 그는 이 연설 한마디로 결정적인 승기를 잡았다.

정치지도자의 말은 국민의 말을 이끄는 마차다. 그동안 우리 역사 속 많은 지도자들은 일방 커뮤니케이션으로 국민을 이끌어왔다.

25년 독일 나치 지도자 아돌프 히틀러가 자신의 저서 《나의 투쟁》에서 '대중은 작은 거짓말보다 큰 거짓말에 더 쉽게 속는다' 라고 말했다.

현대 리더십의 기초에는 수많은 추종자가 믿을 수 있는 것이 있어야 한다. 그것은 도덕성, 포용력과 같은 인격에 관한 것들이다.

성공한 지도자의 빛나는 유머 센스

미국에서는 19세기 이전만 해도 유머가 사업을 하려는 사람에게 전혀 바람직하지 않은 것으로 간주되었으나, 20세기 중반에는 유머 센스가 정치가, 대통령을 꿈꾸는 사람들에게 필수적인 요소가 되었다.

지금은 말을 잘하는 것보다 다양한 생각을 인정하는 포용력과 사람의 마음을 얻는 소통의 기술이 중요한 시대다.

영국의 저명한 역사가이며 언론인인 폴 존슨은 지도자가 갖춰야 할 자격 조건으로 도덕적 용기, 판단력, 우선순위에 대한 감각, 집중력, 그리고 유머 센스를 꼽았다. 그는 유머 센스 없이 성공한 지도자는 거의 없다고 말했다.

유머 센스가 있는 CEO는 창의력이 뛰어나 제품개발이나 새로운 비즈니스 모델의 창안으로 세계적인 기업가가 되기도 한다.

> 사업다각화 성공신화를 쓴 리처드 브랜슨 버진그룹 회장은 세간의 주목을 받는 행위를 하는 이유로 '버진(virgin)이기 때문'이라고 말했다. 버진은 직역하자면 '처녀'라는 뜻이다. 버진그룹은 사람들이 이제껏 도전한 적 없는 처녀지에 종종 도전한다.

기업이나 정치에 있어서 최고위층에 속하는 리더는 조직의 운명을 좌우한다. 그렇기 때문에 그의 행동 하나하나는 영향력이 매우 크다.

브루스와 그의 동료 학자들은 리더의 리더십 스타일에 따른 유머 사용과 업무 수행능력간 관계를 조사·연구하였다.

부하 직원들에게 자신의 리더들이 변혁적 리더십, 거래적 보상 리더십, 자유방임주의적 리더십 중 어느 스타일에 해당하는지 평가하고 그들의 리더가 얼마나 자주 유머를 사용하는지 그 빈도를 측정하도록 했으며, 이와 함께 부하 직원들의 업무 수행능력을 평가했다.

그 결과 유머를 가장 많이 사용하는 변혁적 리더십을 가진 리더의 부하 직원들이 업무 수행능력에서 높은 점수를 얻었다. 변혁적 리더십, 즉 조직의 새로운 비전과 구조 개선에 대해 유머를 개입시키며 변화를 추진하는 리더를 최고의 리더로 본다는 것이다.

이처럼 조직의 최고 리더가 어떤 리더십을 보이고 얼마나 유머를 구사하느냐는 조직원들의 업무 능력에도 영향을 끼친다. 그러나 리더가 적절하게 유머를 사용하지 않고 경직된 분위기를 조성한다면 조직원들뿐 아니라 리더 자신도 어려움을 겪을 수 있다.

최고 리더의 동기부여

미국 강철회사 사장이었던 찰 슈왑은 동기부여의 방법을 다음과 같이 말했다. '그것은 경쟁심을 자극하는 방법입니다. 돈벌이에 급급한 경쟁이 아니라 남보다 뛰어나려는 욕구에 호소하는 방법입니다.'

남보다 뛰어나려는 욕구! 이것이 발전하고자 하는 소망을 가진 사람들에게 호소할 수 있는 절대적인 방법인 것이다.

《칭찬은 고래도 춤추게 한다》의 저자인 켄 블랜차드는 세계적인 경영 컨설턴트이자 기업 리더십 전문가다. 그는 인터뷰에서 불경기에 강한 기업의 특징을 '조직원들의 자발적 동기를 불어 넣는 칭찬과 격려의 힘에 있다'고 했다.

《좋은 기업에서 위대한 기업으로》라는 저서를 쓴 짐 콜린스도 강압적인 리더십으로는 좋은 조직문화를 만들 수 없다고 하였다. '최고경영자(CEO)가 마치 독수리처럼 직원의 일거수일투족을 감시한다면 직원들에게 동기부여를 하기가 아주 어려울 것입니다. 불경기에 강한 기업은 직원들 간에, CEO와 직원 간에 신뢰와 존경이 있는 회사였습니다' 라고 했다.

조직 문화에 신뢰와 존경을 불어넣는 것은 유연함, 즉 유머였다. 부정적 유머가 아니라 긍정적 유머인 것이다.

포용력을 키워라

오늘날은 극적인 효과가 필요한 때이다. 단순히 사실을 말하는 것만으로는 충분하지 않다. 좀 더 생생하고 흥미 있게 극적으로 사실을 전달해야만 한다. 직원들로부터 관심을 끌기 원한다면 쇼맨십을 발휘하라.

지금은 감성의 시대이다. 최고 리더가 직원들에게 하는 슬로건도 감성을 고려한 호소가 되어야 한다. KT 표현명 사장은 '우리 회사의 구호는 '졸면 죽는다!' 입니다. 사업이든 인생이든 간절함이 있어야 성공합니다' 라고 말한다.

특히 최고 리더의 유머 감각이 무엇보다 중요하다.

조직의 최고 리더가 평소에 유머를 사용하는지, 어떤 종류의 유머를 얼마나 사용하는지에 따라 조직 분위기와 부하 직원들의 업무 능력이 좌우된다.

　조직의 최고 리더는 유머를 이용해 더 열린 환경을 조성하고 모든 조직 구성원이 자신의 의견을 표명할 수 있도록 북돋울 수 있기 때문이다.

　실제로 사우스웨스트 에어라인, 벤앤제리(Ben & Jerry) 아이스크림회사, 썬마이크로시스템즈에서는 창업주나 CEO의 유머가 직원의 강한 헌신, 화합, 높은 수행능력을 만들었다고 생각한다. 뿐만 아니라 대(對) 고객과의 관계에서 유머 감각이 있는 이미지는 기업 이미지 제고에 도움이 된다.

> 조양호 한진그룹 회장은 대한항공 A380 1호기 시험 비행이 열린 행사장에서 지금껏 보인 조 회장 특유의 근엄한 최고경영자의 모습을 벗어던지고 만담꾼으로 변신한 듯 탁월한 유머 감각을 가감 없이 드러냈다.
> '기내가 넓어 길을 잃어버릴 수 있으니 이동할 때는 승무원의 안내를 받으시기 바랍니다'라고 우스갯소리를 던지는가 하면, '임원들에게 A380 공부를 많이 시켰습니다. 혹시 질문을 해서 잘 대답하지 못하는 임원이 있으면 저한테 일러주세요. 다음 인사 때 반영하겠습니다'라고 했다.

　최고 리더의 유머는 계획적이고 전략적이어야 한다.
　프로이트의 정신분석학에서는 말실수를 가리켜 '무의식이 미끄러져 나온 것'이라고 했다.

농담은 재치와 유머, 지성의 결합체다. 리더가 어설프거나 철 지난 농담을 던지면 품격을 떨어뜨리는 '썰렁 개그'가 되기 쉽다. 유머를 한다고 해서 사려없이 하는 지도자의 '막말' 한마디가 나라나 기업의 언격(言格)을 떨어뜨리기도 한다.

> 바이든 미국 부통령의 별명은 '말실수 기계'라고 미국 언론은 규정한다. 신종플루가 유행할 때 TV 인터뷰에서 '가족들에게 비행기나 지하철을 타지 않도록 하겠다'고 말했다. 항공업계는 '부통령이 지나치게 공포심을 자극했다'고 비난했다.

 생각하는 유머

> 뷔르템부르크의 칼 공작이 말을 타고 산책하던 도중 작업 중인 염색공을 우연히 만나게 되었다.
> '내 백마를 파란색으로 염색할 수 있는가?'
> 공작이 묻자, 염색공이 다음과 같이 대답을 했다.
> '물론입니다, 전하, 그 말을 삶아도 괜찮다면.'

나를 바꾸는 유머 화술의 지혜

말을 하는 것은 혀가 아니고 두뇌의 운동이라야 한다.   - 존 어베블리

말이 간결해야 어진 사람이다.   - 율곡 이이

말하는 것은 좋으나 침묵은 더욱 좋다. 그러나 지나치면 둘 다 나쁘다.   - H.F 아미엘

실패는 하나의 교훈이며 상황을 호전시킬 수 있는 첫걸음이다.   - 필립스

5

연설에서 유머를 강력하게 활용하라

1

연설에서의 유머는 이기는 화법이다

태초에 연설이 있었다

고대 그리스어로 된 요한복음서는 '태초에 로고스가 있었다'로 시작한다. 태초에 말씀이 있었다는 의미이다. 르네상스 초기 철학자 에라스무스는 '태초에 연설이 있었다'로 옮겼다. 그만큼 세상의 흐름을 좌우하는 것은 리더의 연설로 시작된다는 말의 의미일 것이다.

영어로 연사를 'orator'라고 하는데 이는 라틴어로 'I speak'라는 의미다. 자신의 의견을 말하는 것으로 연설은 설득의 도구이다.

그리스어로 'rhetoric' 역시 멋진 연설(a wonderful speech)을 말한다. 멋진 연설은 청중의 심금을 울리며 행동하게 만든다.

우스갯소리로 현대 사회에서 가장 강력한 연사(speech maker)는 '돈'이라고 한다. 왜냐하면 'Money talks'(돈이면 다 된다)이기 때문이다.

멋진 연설은 수백만 명의 청중을 움직인다.

한 나라의 국민은 물론이고 전 세계에도 영향을 미친다. 링컨, 처칠, 레닌, 히틀러는 연설로 국민들을 열광케 하여 생사가 좌우되는 전쟁터로 내몰았다.

멋진 연설은 지도자를 만든다.

뛰어난 연설을 하는 사람은 한 나라의 대통령이 되고 리더가 된다. 민주주의에서는 선거로 지도자를 뽑는데, 국민은 연설을 듣고 지지를 보낸다.

오바마 대통령이 연설 솜씨 덕에 당선됐다고 말하는 미국인이 많다. 그의 말에는 아름다운 표현이 많아서 감동적이고도 웅변적이라는 것이다.

정치인이나 재계의 지도자만이 연설을 할 권리가 있는 것이 아니다. 개개인도 연설할 권리가 있다. 개개인이 연설을 잘하면 자신이 속한 분야에서 지도자가 될 수 있고 더 나아가 세상을 움직일 수가 있다.

수사법과 연설

유명한 사람들의 연설문은 짧은 시간 안에 대중들의 마음을 얻어야 하기 때문에 장황한 말로써 설득시키기보다는 듣는 상대에 맞는 핵심적인 이야기와 수사법(修辭法)으로 연설문의 구성을 잡는 것이 일반적이다.

> 1933년 프랭클린 루즈벨트 대통령이 취임할 당시엔 노동인구의 40퍼센트가 실업상태였고 은행도 믿지 못해 출금해 집에 감춰두던 때였다. 그는 '우리가 진정 두려워해야 할 것은 두려움 그 자체다'라는 강력한 연설을 했다. 바로 다음날부터 출금행렬은 급격히 줄었다.

수사법이라는 기술은 언어의 미학으로 청중을 감동시킨다.
수사법에는 비유법, 과장법, 반어법 등이 있는데 이는 유머와 직접 관련이 있다.

유머 메시지의 기능

유머와 설득적 연설에 관한 연구들에서는 유머 메시지가 그렇지 않은 메시지보다 전반적으로 우월하다는 것을 보여 준다.
하지만 단지 메시지를 유머러스하게 만드는 것이 반드시 더 설득적인 것은 아니라고 학자들은 주장한다.

만일 유머 메시지가 항상 더 설득적이라면 광고업자와 정치가들이 그 사실을 알았을 것이며, 텔레비전에서 유머 광고만을 보게 될 것이고, 정치가들은 유세에서 끊임없이 유머만 말했을 것이다.

또한 유머가 메시지 전달자의 진실성을 증가시킨다거나 메시지의 이해를 증가시킨다는 증거는 거의 없다. 그렇지만 유머가 청중에게 재밌는 정서적 효과를 가져다주는 보다 긍정적인 기분에 빠지게 만드는 경향이 있다는 증거는 상당히 많다.

오늘날의 연구에서는 메시지가 주는 설득력은 메시지 자체뿐만 아니라 청중들의 주의집중, 산만성, 관여, 동기, 자아존중감, 그리고 지능과 같은 특성에도 달려 있다고 밝혔다.

유머는 정치가, 종교지도자, 동기를 유발하려는 연사, 교사 등이 하는 연설이나 설교 또는 강의에서도 자주 사용된다.

연사들이 연설의 분위기를 부드럽고 흥미롭게 하기 위하여 유머를 사용하는데, 대부분 전략적으로 한다. 유머를 잘 이용하는 사람들은 자신의 농담과 연설의 주제를 조화롭게 연결시켜 자연스럽게 흥미를 유발시킨다.

유머가 여러 가지 방식으로 청중들에게 영향을 미칠 수 있다. 첫째, 청중들의 긍정적 기분을 만들어냄으로써 메시지에 집중시키고 설득력을 높일 수 있다.

둘째, 메시지 전달자에 대한 호감도를 증가시켜 암묵적으로 공유된 일체감을 제공함으로써 전달자를 보다 진실하게 보이도록 만들 수 있다.

셋째, 청중을 무장 해제시켜 비판이나 비난을 줄이는 효과가 있다.

마지막으로 자기비하 또는 자기상실 유머는 전달자가 이기적이지 않다는 인상을 만들어 내어 전달자의 신뢰도를 증가시킬 수 있다.

 생각하는 유머

어느 날 장자(莊子)가 산에 산책을 나갔다가 아주 슬픈 낯으로 돌아왔다. '어찌하여 그리 슬픈 표정을 하고 계십니까?' 하고 제자들이 묻자 장자는 이렇게 말하는 것이었다.

산책길에서 새 무덤 앞에 꿇어 앉아 부채질을 하고 있는 상복을 입은 부인을 보고 왜 그러고 있느냐고 물었더니 부인이 짜증을 내면서 '저는 사랑하는 남편에게 그의 무덤이 마르기 전에는 재혼을 하지 않겠다고 약속했어요. 그런데 이 고약한 날씨 좀 보세요' 하고 잔뜩 찌푸린 하늘을 가리키더라는 것이었다.

연설 서두에서 유머로 제압하라

연설의 내용은 고대 그리스의 철학자인 아리스토텔레스의 이론에 따라 크게 서론, 본론, 결론으로 나눌 수가 있다. 이 세 부분에서 연사는 유머를 도입할 수가 있다.

상황에 맞게 연설한 처칠

20세기의 명연설가로 누구를 선정하느냐에 대해 여러 의견이 있다. 소련의 레닌이나 독일의 히틀러, 미국의 윌슨 대통령을 꼽기도 한다. 그렇지만 반드시 선정되어야 할 명연설가는 윈스턴 처칠이다. 아마 누구도 반대하지 않을 것이다.

영국의 뛰어난 정치가이자 웅변가인 윈스턴 처칠은 2차 세계대전 중에 위대한 국가 지도자로 활약했을 뿐만 아니라 많은 강연과 훌륭한 저술로 노벨문학상을 수상하기도 했다.

처칠은 비범할 정도로 강한 신념의 소유자였으며 강력한 조직을 구성하고 관리하는 탁월한 능력은 잘 알려진 사실이다. 뿐만 아니라 그는 표현력이 뛰어난 저술가이자 말하기의 달인이었다.

그는 대범하고 자유분방하게 언어를 구사했다. 그는 뛰어난 유머 감각과 풍자로 의회에 활기를 불어 넣었다. 또한 분위기를 고조시키고 대중을 선동하는 어휘를 적절하게 사용할 줄 알았다. 그리스 고전 문학에서 '도널드 덕'에 이르기까지 광범위한 출처에서 인용구를 뽑아내고 상투적인 문구와 비속어, 성경 문구에 이르기까지 자유자재로 구사하면서 자신의 논지를 펼쳤다. 아무리 투쟁적인 사회주의자라 해도 그의 적수가 되지 못했다.

그는 언제나 신중하게 연설문을 준비했다. 그는 토론의 주제에 대해 꼼꼼히 조사했고, 주제에 관한 모든 문헌을 독파해 치밀하게 논지를 정리했다.

다음은 처칠의 졸업식 축사 연설문의 일화이다.

그는 명문 옥스퍼드 대학에서 졸업식 축사를 하게 되었다. 그는 위엄 있는 차림으로 담배를 입에 물고 식장에 나타났다. 처칠은 열광적인 환영을 받으며 천천히 모자와 담배를 연단에 내려놓았다. 그리고 나서 청중들을 바라보았다. 모두들 숨을 죽이고 그의 입에서 나올 근사한 축사를 기대했다.

드디어 그가 입을 열었다. '포기하지 마라!(never give up)' 그는 힘 있는 목소리로 첫마디를 뗐다. 그러고는 다시 청중들을 천천히 둘러보았다. 청중들은 그 다음 말을 기다렸다.

그때였다. '절대로 포기하지 마라!(never never give up)' 처칠은 다시 한번 큰 소리로 이렇게 외쳤다. 더 이상 아무 말도 하지 않고 다시 모자를 쓰고는 연단을 내려왔다. 그것이 졸업식 축사의 전부였다.

서두에서의 유머

서론 내지 서두는 청중의 주의력을 모으고 동시에 청중으로 하여금 '이 연설은 들어볼 만한 가치가 있을 것 같다' 라는 기대와 동기를 갖게 하며, 본론으로 진행해 가는데 큰 영향을 미치는 역할을 한다.

서론에서 유머를 도입하는 방법에는 이야기 기법과 관심 끌기 기법, 질문 기법이 있다.

이야기로 시작하라

이야기 기법은 주제와 관련된 적절한 재미있는 이야기 형식으로 풀어나가는 기법이다. 사람은 누구나 이야기에 흥미를 갖고 재미를 느낀다. 재미난 이야기를 구수하게 들려주면서 시작하면 긴장을 풀며, 청중들은 그 이야기에 몰입되어 자연스럽게 주제 속으로 이끌려 오게 된다.

이 방법에는 소재를 어디서 가져 오느냐에 따라 인용 기법, 주변 상황에 대한 언급, 자신에 대한 에피소드라는 3가지로 나눌 수 있다.

인용 기법은 위인들에 얽힌 일화, 설화, 누구나 알고 있는 소설이나 시와 같은 문학적 작품, 고사성어나 속담 등에서 재미난 문구나 스토리를 인용하며 시작하는 방법이다.

재미가 있어 청중의 관심을 끌 수 있지만 주제와 연관이 적거나, 반대로 주제 도입에는 적합하지만 재미가 없어 분위기를 썰렁하게 만드는 인용거리는 차라리 도입하지 않는 편이 좋다.

옛날 사람들의 해학, 문학적 유머, 현재 시중에서 유행하고 있는 유머 시리즈, 최근 개그맨들이 개발한 유머들을 입수하여 각색, 즉 패러디를 해서 인용하면 좋다. 그러나 유머를 사용할 때도 도입부에 적절한 유머를 인용해야 그 효과를 볼 수 있다.

★ 아무리 유머러스한 이야기라도 무미건조한 어조로 말하게 되면 오히려 분위기가 더 어색해질 수 있으므로, 충분히 연출해 낼 수 없다고 판단되는 유머는 인용하지 않는 것이 좋다.

손쉽게 청중의 호응을 유도할 수 있는 기법이 주변 상황 코멘트 기법인데, 현 상황 또는 주변 상황에 대해 가볍고 재미있는 풍자가 섞인 이야기를 꺼내면서 시작하는 기법이다. 서두로 언급할 수 있는 상황은 매우 다양하다. 현 시국이나 정국, 연설을 하는 당일 일어난 일, 날씨, 시간, 계절 등이 있다. 비관적이거나 회의적인 풍자는 피하는 것이 좋다.

청중은 주제와 마찬가지로 연사에 대해 '어떤 사람일까'라거나 '어떤 성격의 사람일까', '어떤 경력을 가진 사람일까' 등 항상 관심을 갖게 마련이다.

이런 점을 이용하여 연사 자신이 보고 겪었던 일을 이야기 식으로 풀어나가며 주제를 도입하는 방법이 신변잡담 기법으로 청중과의 거리를 가깝게 만드는 효과가 있다.

여기서의 경험은 연사가 직접 겪었던 것일 수도 있고 아니면 스스로 꾸며낸 가상적 경험일 수도 있는데, 어떤 경우이든 실감나게 이야기하는 것이 좋다.

'제가 저지른 실수로 선생님이 크게 화를 내셨지요'라고 하는 자신의 실패담도 청중과 인간미 넘치는 관계를 만들어 주기 때문에 효과적이다.

> 미국 대선에서 오마바 후보와 대결한 매케인 후보는 5년 반 동안 베트남에서 포로생활을 한 자신의 이력을 상기시키면서 당시 포로생활 중 '국가와의 사랑에 빠졌다'면서 '나는 조국이 단지 어떤 장소여서가 아니라 싸워 지킬만한 명분이자 이상이기 때문에 사랑한다'고 말해 자신의 투철한 국가관과 애국심을 강조했다.

관심을 끌어라

청중의 참석 동기가 약하고 주위가 산만할 것으로 예상되는 경우에는 특별히 청중의 관심을 끌기 위한 서두를 개발할 필요가 있다.

여기에는 청중의 관심을 끌기에 좋은 서두로는 '충격적인 이야기', '엉뚱한 시각자료 소개' 등이 있다.

희소식이나 충격적인 내용을 말하는 것도 한 방법이다. 청중은

'무슨 이야기를 하나?' 하며 기다리고 있는데 충격적인 사건이나 상상을 초월한 이야기로 시작한다면 청중의 주의를 환기시키는데 매우 효과적이다.

사람들에게 자극이나 충격을 주면 아무래도 관심이 집중되기 마련이다. 충격적인 내용을 이용한 서두 기법은 청중이 전혀 예상하지 못했던 엉뚱하고 놀라운 이야기나 긴장하게 될 이야기, 희소식을 끄집어내어 상식을 깨뜨리는 충격을 주는 것으로 주의를 집중시키면서 이 분위기를 이 주제와 연결시켜 나가는 방법이다.

엉뚱한 시청각적 자료의 소개는 주제와 연관이 전혀 없는 듯한 물건을 보이거나 주제와 관련 있는 자료를 보여주거나 들려줌으로써 시작하는 기법이다.

이 기법도 청중의 눈길을 끌어 귀를 집중시키고 주제에 대한 관심을 유발시키는 데 매우 효과적이다.

질문으로 시작하라

서두에 청중에게 질문을 하게 되면 '긴장감'을 조성하면서 주제와 관련된 여러 대상에 대해 미리 생각해 볼 기회를 갖게 함으로써 앞으로 진행될 프레젠테이션에 대한 준비태세를 갖추게 한다. 당연히 질문을 던지고 난 뒤에는 프레젠테이션을 하는 중간에 반드시 답을 주어야 한다.

다음에 소개하는 3가지 질문 방법들은 청중의 수에 따라 그에 알맞은 것을 선택하면 좋다.

첫째, 수사의문문을 이용하는 방법이 있다.

실제로는 질문이 아니지만 자신의 주장을 질문의 형식을 빌려 표현하는 것이 수사의문문이다. 예컨대 '이것이 잘못되었다'라는 주장을 '이것이 잘못되지 않았습니까?'라는 질문으로 표현하는 방법이다. 이 방법에는 아이러니나 풍자가 섞이면 주제와의 연결이 쉽다. 이런 질문을 하면 대다수 청중들은 적어도 머릿속에서 답을 생각해 보게 된다.

둘째, 재미있게 단정적 질문을 하는 방법이 있다.

청중의 관심사나 지식 또는 심리상태에 대해 어떤 결론을 내려놓고 이것을 질문 형식으로 표현하는 기법이 단정적 질문법으로 많은 청중을 상대로 할 때 효과적이다.

셋째, 수수께끼식 질문을 하는 방법이 있다.

연사가 정답을 가지고 있는 상태에서 질문을 하여 청중이 참여하도록 하는 기법이 퀴즈식 질문법이다. 이 기법은 비교적 적은 청중과의 상호작용을 통하여 메시지를 전달하고자 할 때 활용하면 좋다. 특히 청중의 적극적인 참여를 유도하는 것이기 때문에 청중의 집중도가 높아진다.

 생각하는 유머

독일의 시인 괴테는 '사랑은 인간생존의 주성분'이라고 했다. 괴테의 다음 말은 음미할 가치가 충분하다.

- 우리는 어디서 태어났는가? – 사랑에서
- 우리는 왜 멸망하는가? – 사랑이 없기 때문에
- 우리는 무엇으로 자기를 이길 수 있는가? – 사랑에 의해서
- 우리를 역경에서 구출하는 것은 무엇인가? – 사랑
- 우리를 항상 결합시키는 것은 무엇인가? – 사랑

3
유머 한마디가 성공 비결이다

본론에서 유머 도입 방법

훌륭한 연설이란 단순한 나열이 아니라 치밀한 각본에 의해 사전에 설계된 것이어야 한다. 영화감독이나 배우가 된 기분으로 '어떻게 하면 관객(청중)을 만족시킬까'를 생각해야 한다.

청중의 마음에 들어가기 위해서는 '알리기', '웃기기', '울리기'라는 3대 효과목표를 가지고 연설을 해야 한다.

뛰어난 연사는 내용을 시나리오화하여 요소요소에 극적인 요소를 가미하여 청중을 장악하고, 클라이맥스 부분을 만들어 결론으로 넘어가면서 감동을 주며 기억하게 만든다. 이것이 연설자의 카리스마를 만들어 준다.

철혈 재상 비스마르크

프로이센 총리로 '철혈정책'을 펼쳐 독일을 통일한 오토 비스마르크는 '나는 총리대신으로서 1862년도의 예산안에 관하여 즐겁게 언급하겠습니다. 그러나 오해를 살 설명은 하지 않겠습니다' 라고 시작되는 연설은 명연설 중의 하나이다.

'또 우리 국민에 대해 말씀드리자면, 우리는 너무 피가 끓어 넘치고 있습니다. 우리는 우리의 빼빼 마른 육체에 너무나 큰 군비라는 옷을 입으려고 합니다.

그러나 우리들은 이 군비를 이용하지 않으면 안 될 처지입니다. 그렇기 때문에 프로이센의 자유주의와 같은 것에 독일은 조금도 귀를 기울일 필요가 없습니다. 바이에른이라든지 비르덴-벨르히라든지 바덴은 얼마든지 자유주의에 사로잡혀도 상관없습니다. 누구 한 사람도 그들에게 프로이센의 임무를 지우려고 생각하는 이는 없을 것입니다. 프로이센은 좋은 시기가 올 때까지 힘을 모아 튼튼하게 대기하고 있지 않으면 안 됩니다. 이러한 시기가 이미 오늘날까지 세 번이나 지나가지 않았습니까?

그런데 우호 조약을 체결한 이래 프로이센의 양쪽 국경은 건전한 국가 생활을 위해서라면 부적절한 상황입니다. 연설이나 다수결로 시대의 큰 문제를 해결하기란 불가능합니다.'

똑같은 내용이라도 주요 아이디어를 어떻게 본론에 배치하느냐에 따라 설득력이 달라진다. 논리에 따라 배치하는 것만이 능사가 아니다.

논리에 얽매이면 남들과 똑같은 틀에 박힌 연설밖에 되지 않아 청중의 공감을 살 수 없다.

각각 다른 가치관과 생각을 가진 청중의 마음을 뚫고 들어가기 위해서는 내용의 전개가 '드라마틱' 해야 한다.

논리적으로 하되 청중의 관심도가 높은 순서로 배치하는 것, 적절한 유머로 웃기고 심각성을 강조하는 사례로 울리는 요소도 고려해야 한다.

청중들은 연설 내내 집중하지 못한다. 10분 내외의 연설에는 어느 정도 문제가 없지만, 20분 이상일 경우 청중들은 집중하기 힘들다.

연설을 하면서 너무 오래 쉬지 말아야 한다. 유명한 일화가 있다. 연설 시작 때 침묵에 잠기며 깊은 생각에 빠지는 것으로 유명한 다트머스 대학총장이 MIT 대학에서 연설할 때의 일이다. 연설 도중 유난히 침묵이 길어졌고 마침내 주최 측에서도 총장에게 주의를 줄 필요가 있다고 느꼈다. 그 순간 총장이 쓰러졌다. 그는 숨을 거두었던 것이다.

연설을 잘하는 사람은 평범한 이야기 속에 핵심을 담아 청중의 마음을 움직이는 재주가 있다.

실제로 청중의 입장에 있으면 사람들은 어느 박식한 사람의 고상한 설교보다는, 이웃집 아저씨가 옛날이야기를 들려주듯 쉽고 간단하면서 유머가 섞인 예를 들어가며 하는 말에 더 강한 인상을 받는다.

연설이 시작되고 10분 내지 15분이 지난 후에는 흥미 있는 사례를 들거나, 퀴즈식 질문이나 유머 등을 넣어 청중의 주의를 환기시키는 방법을 도입하도록 한다. 청중을 잠재우지 않는 최소한의 기술은, '시작 부분의 웃음'이다.

처음에 작은 웃음을 유발할 수 있으면, 청중의 머리도 유연해지고 졸음도 오지 않으며 연사의 메시지에 대해서 적극적인 반응을 보이는 청중을 포섭할 수가 있다.

웃음의 급소를 여기서 해설하는 것은 불가능하지만, 연설 전반에 적합한 웃음은 야유나 경구가 아닌 공감할 수 있는 웃음이다. '요즘 유행어에 이런 말이 있습니다만, ……' 라고 하며 밝은 화제를 도입한다면 공감을 얻기 쉬울 것이다.

조지 부시 전 미국대통령은 남성 코드와 여성 코드, 군대 코드도 이용해서 연설을 해 유권자의 지지를 이끌어내는 재주가 있었다. 남자를 대상으로 할 때에는 부시 자신이 직접 방아쇠를 잡아당기는 듯한 암시를 풍기면서 허풍떠는 유머를 구사했다.
'내가 개시하는 작전에서는 200만 달러짜리 미사일을 발사하여 10달러짜리 텐트를 공격하거나 낙타를 표적으로 삼는 일은 없을 것입니다. 모든 작전은 단호하게 시행되어야 합니다.'

결론에서의 유머 도입 방법

연설을 마무리하는 결론 부분은 전체 내용 중 중심내용을 요약, 재인식시켜 청중이 이를 기억하게 하고, 행동을 촉구하게 하는 목적 달성의 최후 보루로서 연설의 성공을 좌우하는 분수령이 된다.

멋있고 강렬한 이미지를 남기려면 결언 자체가 짧고 명확하게, 설득력 있게, 그리고 동기 부여가 되도록 표현해야 한다.

인용과 질문으로 마쳐라

마지막 부분에서 적절하면서 감동시킬 수 있는 말을 인용하면, 청중이 강한 인상을 받아 들은 것을 확실하게 기억하는 데 도움을 줄 수 있다.

인용에 의한 결언으로 마무리하려면 위인이나 다른 사람에게 얽힌 일화, 속담이나 고사성어, 문학 작품, 유머 등에서 연사의 주장이나 정신을 잘 반영할 수 있는 것을 골라 이를 인용하며 종결하도록 한다.

마음에 꼭 드는 인용문이 없을 경우에는 속담이나 격언을 약간 변형시켜서 사용하는 패러디식 인용도 좋은 기법 중의 하나이다. 패러디식 인용을 할 경우에는 청중들이 익히 알고 있는 원전을 모방해야 하며, 그 패러디를 듣고 충분히 원전을 생각해 낼 수 있도록 구조 자체가 비슷해야 한다.

'나는 부유한 노동자입니다'
정주영 현대그룹 회장

1982년 5월 미국 조지 워싱턴대학에서 명예경영학 박사학위취득 기념만찬회에서 행한 연설에서 유머로 끝을 맺는다.

'끝으로 이 자리에서 한 가지 밝힐 일이 있습니다. 제가 조선소를 짓기 위해 런던에서 버클리은행과 협상을 하던 때의 일입니다. 해외담당 부사장이 저에게 물었습니다. '당신의 대학전공이 경영학이냐 공학이냐?' 그래서 저는 조선소 사업계획서를 들어 보이며 옥스퍼드대학에서 이 사업계획서를 보고 경영학 박사학위를 주더라고 했습니다. 궁여지책으로 농담을 했지만 그 농담으로 이야기의 실마리를 잘 풀 수가 있었습니다. 그러나 이제는 조지 워싱턴대학에서 경영학 박사학위를 주셨으니까 어딜 가도 떳떳하게 경영학이 전공이라고 말할 수 있게 되었습니다. 이 점에 대해서 깊은 감사를 드립니다.'

    결언 부분에서 효과적인 질문을 하면, 청중에게 강렬한 이미지를 주어 기억에 오래 남게 된다. 결언에서 질문을 사용하는 방법에는 서두에서와 마찬가지로 청중의 답을 요구하는 방법과 자문자답(自問自答)식으로 연사 스스로가 그 답을 제시하기 위해서 하는 방법이 있다.

    결언은 간략해야 하기 때문에 청중과 질의응답을 길게 끌고 나가서는 안 되므로, 가능한 한 연사 스스로가 그 답을 제시하기 위한 질문을 하는 것이 좋다.

계몽적 연설을 한 안창호

도산 안창호 선생이 살다간 시기(1878~1938년)는 숨가쁘게 역사가 이어지던 구한말 격동의 변혁기였다. 국민들은 혼란한 시대 상황을 간파할 능력이 부족함을 알고 그는 연설의 대부분을 대중의 계몽적 설득에 목적을 두고 하였다. 수동적 입장에 있는 청중으로 하여금 그들 스스로가 연사와 대화를 주고받고 있다는 생각을 하게 하는 기법을 이용한다. 1924년 12월 도미(渡美) 후 동포 환영회 석상에서 행한 연설은 다음과 같이 시작하고 있다.

'내가 이제 우스운 이야기를 한마디 하려고 합니다. 우리 가운데서 흔히 말하기를 불란서 사전에 불가능이란 없다라는 말이 있다고 하며 세상에 아무 일이든지 다 할 수 있다고 합니다. 그러나 불란서 사람들의 해석과 우리의 해석이 다릅니다. 가령 그들 보고 누가 묻기를 이 사기(沙器)를 어떻게 만드는가 하면 그 사람은 대답하기를 내가 사기를 만드는 학교에 가서 그 방식을 철저히 배운 후에 자본을 모아 공장을 설립하고 저 물잔이나 기타를 만들겠다고 합니다. 그러면 우리의 해석은 무엇인가? 우리의 해석은 이렇습니다. 누가 묻기를 저 잔을 만들 수 있습니까? 예, 만들지요. 어느 학교에서 그 만드는 방법을 배우셨습니까? 그까짓 것을 누가 배워서 아나요? 만들면 만들지요. 또 묻기를 자본이 있습니까? 그까짓 것 만드는데 자본은 있어서 무엇 하나요, 하면 하지요 합니다. 이것이 불란서 사람의 불가능이란 없다에 대한 해석과 우리의 해석입니다.'

미래지향적 결언을 하라

대부분의 연설은 어떤 대상의 원인을 분석하고 그 해결책을 제시하게 마련인데, 다가오는 미래에 보다 나은 것을 추구하자는 동기에서 비롯된 것이라 할 수 있다.

따라서 이러한 동기를 보다 구체화하여 결언에서 청중에게 미래에 벌어질 상황을 상상하게 하거나, 미래에 대한 확신을 제시하거나, 연사 자신의 미래에 대한 결심을 밝혀 청중에게 동기부여를 하며 마무리하도록 한다. 미래에 대한 상상을 할 때에 유머를 도입하면 좋을 것이다.

유머를 적극 이용한 로널드 레이건

로널드 레이건 대통령은 링컨, 루스벨트와 함께 미국인들이 3대 웅변가로 꼽는다. 레이건에 대해 비판적인 인사들조차 그가 '위대한 소통자'였다는 데는 이견이 없다.

그는 문어(文語)보다 특히 카메라 앞에서 말하는 구어(口語)에 강했다. 스스로를 농담의 소재로 삼아 격의 없이 국민들에게 다가가면서도 그의 신념을 전염시키는 탁월한 능력을 발휘했다.

그는 '준비된 즉흥연설'을 애용했다.

'이웃이 실업자가 되면 경기후퇴고, 당신이 실업자가 되면 불황이다' 등 촌철살인의 명언을 남긴 레이건 역시 장광설이 아니라 간명하고 힘 있는 메시지로 국민 마음을 파고들었다.

'우리는 피로 물든 한 세기의 종착점에 다가가고 있습니다'라고 시작하는 1982년 6월 8일에 행한 로널드 레이건 대통령의 공산주의 몰락 예견을 한 연설은 지도자로서의 정치 철학과 아울러 국민들이 쉽게 이해할 수 있도록 풀어서 말한 명연설이다.

'나로서는 대단히 의아한 일입니다. 우리가 동원할 수 있는 광대한 자원 활용을 망설이는 그런 태도에서 나는 한 나이든 부인의 이야기를 떠올립니다. 부인의 집은 적의 공격으로 폭탄에 맞았습니다.

구조대원들이 집안을 돌아다니다가 부인이 계단 뒤편에 감추어 둔 브랜디 병 하나를 발견했습니다. 그 집에 제대로 서 있는 것이라고는 그 병 하나뿐이었지요. 부인은 의식이 가물가물했기 때문에 구조대원 한 사람이 코르크 마개를 따고 부인 입에 브랜디를 약간 흘려 넣으려 했습니다. 그러자 부인은 즉시 정신을 차리더니 이렇게 말하더라는 겁니다.

'자, 자, 이제 그건 도로 갖다 놔요. 그건 비상시에 쓰려던 거예요. 자, 그 비상시가 우리에게 찾아왔습니다. 이제 소심한 태도를 버립시다. 우리의 힘에 의지합시다. 희망을 제시합시다. 이 세상을 향해 새로운 시대는 가능할 뿐 아니라 눈앞에 다가오고 있는 것이라고 이야기합시다.'

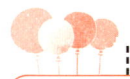 생각하는 유머

마이클 맥킨리라는 전문 연사는 밖에 거친 폭풍우가 몰아치는 가운데 연설을 한 적이 있다. 갑자기 문으로 물이 새어 들어오기 시작했다. 그는 재빨리 머리를 굴려, 사람들을 진정시키고 재앙적인 상황을 웃음바다로 만들었다.

그는 '여러분, 여러분! 30분 안에 구조대가 와서 로비에서 수영 레슨을 할 예정입니다. 걱정 마십시오!' 하고 말했다.

그리고 연설이 끝날 무렵 '오늘밤 이렇게 여러분과 함께 이야기할 수 있어서 너무 즐거웠습니다. 노아의 방주는 2~3분 안에 출발할 예정입니다.'

명연설 속의 실전 유머 화법

명연설의 비결

역사에 길이 남는 명연설들은 그 시대의 중요한 문제점을 요약하고 있으며, 문체(文體)로 보아 예술 작품에 가깝다. 세월이 지난 지금도 읽어보면 진한 감동을 준다.

1805년에서 1809년 사이 하버드대학에서 학생들을 가르친 존 퀸시 애덤스는 학생들에게 이렇게 말했다.

'오래된 유물인 고대의 웅변 속에 누구도 저항하기 힘든 힘이 들어 있습니다. 이를 자신의 것으로 붙잡으세요. 이 힘은 사람의 뜻대로 사람의 마음을 움직였고, 목소리가 이끄는 대로 나라의 나아갈 방향을 정했습니다.'

연설을 잘하려면 청중 분석을 토대로 핵심적 주장을 잘 설명할 수 있도록 문장, 단어 하나하나에 수사법을 적용하여 감각적으로 인용하고 감동을 주도록 고안해야 한다.

경구로 빛을 발한 키케로

명연설가를 논한다면 로마의 정치인인 키케로(Cicero · BC 106~43)를 빼 놓을 수 없다. 그의 연설은 원고도 없이 했지만 900년 동안 클래식 중의 클래식으로 전해져 왔다.

우리에게 익숙한 '생명이 있는 한 희망은 있는 법'이라는 말과 '인생은 멋진 노래와 같다'는 것으로 보아 긍정적 낙관주의자로 보인다. 그러면서도 '법치를 강조하면 정의는 줄어든다', '평화는 평온의 자유', '행복한 삶은 마음의 평화에서'처럼 축약된 표현이 많고, '각자 알아서'처럼 쉽고 편한 표현이 많다.

특히 그의 짧고 간결한 어록에는 촌철살인이 많다.

'신의 없는 능력은 쓸모가 없다'라거나, 그 스스로 '간결함은 명연설의 가장 큰 매력이라고 말했고 이는 훗날 셰익스피어가 '간결이 위트의 생명'이라고 말한 것과 괘를 같이 한다.

사람들의 연설에 대해 키케로는 '비방은 미친 사람의 잡소리', '바보의 얘기도 맞을 때가 있다'는 식으로 말했다.

김문수 경기도지사는 한국표준협회 초청 최고경영자 조찬회에서 표현을 잘못해서 곤혹을 치렀다. '대한민국 공무원이 지금 얼마나 청백리인 줄 아느냐'고 말했다. 그는 이어 '춘향전이 뭡니까. 변사또가 춘향이 따먹으려는 거 아닙니까. (변 사또가) 재산 뺏어가고 부패만 저지르는 게 아니라 처녀 몸, 생사여탈을 제 맘대로 하는 썩어빠지고 형편없는 이런 관리들에 의해 이 나라 백성이 수천 년 간 피해를 보고 살아왔는데 이 시대 공무원들은 얼마나 잘합니까!' 라고 말했다.

셰익스피어를 이용한 링컨

밥돌 공화당 상원의원은 미국 초대 대통령 조지 워싱턴부터 42대 빌 클린턴까지 41명의 대통령을 일렬로 줄 세워 유머 등급을 매겼다.

그의 책(Great Presidential Wit)이 2001년에 나온 까닭에 조지 부시 대통령과 그의 경쟁자였던 앨 고어는 대기자 명단에 올렸다. '가장 위대하고 가장 재미있었던 우리들의 대통령'이라고 하며 그가 꼽은 유머 대통령 1위는 단연 링컨이다.

숱한 명연설과 위트를 남긴 링컨의 경우, 무슨 말을 해야 할지보다 하지 말아야 할 말과 침묵해야 할 때를 정확히 알았다고 한다. '말 자체보다 말의 목적이나 효과에 관심이 있다. 말은 의견 충돌이나 고민을 줄이는 완충제로 쓸 뿐이다' 링컨의 말이다.

링컨의 명연설 비결은 무엇인가?

그는 백악관에 셰익스피어 전집을 갖다놓고 손에서 떼지 않았다. 수많은 연설에 셰익스피어의 대사를 인용했다.

'맥베스'에 나오는 '내일 또 내일 그리고 내일'이란 표현은 연설에 수도 없이 썼고, '햄릿'의 명대사 '죽느냐 사느냐, 그것이 문제로다'보다 아끼는 표현은 없다고 할 정도로 햄릿을 깊이 이해했다. 링컨은 셰익스피어를 '지혜를 상담하는 현인(賢人)'이자 '신념을 공유하고 위안을 찾는 목사', '친구'로 여겼다고 한다.

이승만 대 신익희

우리나라 현대 정치사에서 명연설가로 꼽을 수 있는 인물은 이승만 대통령과 신익희 국회의장이다.

이승만 대통령은 미국에서의 망명생활 당시 몸소 타자를 쳐서 문서를 작성하던 습관을 대통령 재임 시에도 버리지 않았다고 한다.

외교고문이던 로버트 올리버 박사가 자신의 저술에서 일부 연설의 초안을 잡아주었다고 하나, 이 대통령은 그것을 참고하는 정도였다고 한다.

조지 워싱턴대학에서 명예법학 박사학위를 받고, 자줏빛 망토를 걸친 채 연설하던 이 대통령은 너무도 감격스러웠던지, 연설 도중에 잠시 눈물을 훔치고는 다시 진솔한 말들을 엮어 나갔다는 기록도 있다.

그의 대통령 재임 시 여러 연설에서 그의 목소리는 어눌하지만 약간 떨리는 발성으로 호소력을 지녔다.

조지 워싱턴대학에서의 공부는 시련이 없을 수 없었습니다. 처음 수업을 받을 때, 본인의 영어는 완전하지 못했습니다. 사실 더 솔직히 말하자면 내 영어는 그때나 그 이후나 결코 완전하지 않았다는 점을 고백해야겠습니다.

당시 나는 할 수 있는 한 최선을 다해서 강의실에서 영어 실습을 위해 노력했습니다. 그러나 여러분도 아시다시피, 도대체 교수들은 영어를 왜 그렇게 빨리 말했는지 나는 아직도 의아합니다.

이런 어려움 속에서 나는 조지 워싱턴대학의 충실한 아들의 하나가 되고자 노력해 왔다고 여러분에게 분명히 말씀드리고자 합니다. 여러분 모두가 이 위대한 대학, 우리의 대학에 대해서 자부심을 갖고 있듯이 나도 그랬었다고 확신합니다.

우리 정치인에서 명연설가로는 해공(海公) 신익희(申翼熙) 선생이 자주 거론된다.

신익희 선생도 처칠처럼 원고를 들여다보는 일이 거의 없었다. 그는 중간중간 호주머니에 손을 넣거나 옷매무새를 가다듬는 식의 '틈'을 보여 청중을 편안하게 만들었다. 연설 내용은 '권력자들이 거머리처럼 국민 정강이에 달라붙어 있다'는 식으로 추상(秋霜) 같았다. 그러나 어조는 언제나 잔잔했고 그리 흥분하지도 않았다.

1956년 5월 3일 청중 50여만 명이 모인 한강 백사장에서 민주당 대통령 후보로서 행한 연설은 한국 정치사의 인상적 장면으로 남아 있다. 자유당 정권에 대하여 상상조차 할 수 없는 대담한 발언을 함으로써 국민들에게 쌓여 있던 가슴을 후련하게 하여 더 큰 호응을 받은 것이다.

그 다음에 여러분!
오늘날 우리 민주국가의 형편은 지나간 세대와는 달라요. 오늘날 대통령은 대단히 능력 있고 자격 있고 고귀한 듯한 지위에 있는 사람같지만 실상 민주국가에서는 대통령을 무어라 그러는지 여러분들은 알고 계십니까?
민주국가에서는 대통령을 하인이라고 불러요. 영어로는 프레지던트로 불러요. 프레지던트라는 말은 심부름꾼이 되는 하인이라는 말입니다. 대통령은 하인인데 대통령 이외의 사람들은 무엇일까요?
중앙 부처의 부장이니, 차장이니, 국장이니, 과장이니, 지사니, 무슨 경찰국장이니, 군수니, 경찰서장이니, 또 무엇이니 하는 사람들이 다 무엇일까요? 하인 중에도 자질구레한 새끼 파리들이다 이 말이에요. 그러므로 하인이란 말은 심부름꾼이란 말을 비유로 얘기해 보면, 농사짓는 집의 머슴 같은 것이고 장사하는 댁의 하인 같은 것입니다.
대통령이라고 하늘에서 떨어진 것이 아니고, 땅에서 솟아난 것이 아닙니다. 그러므로 대통령도 일 잘못하면 주인되는 우리 국민들이 반드시 이야기하고, 반드시 나무라고, 반드시 갈아버리자는 이야기가 나온다 이런 말입니다.

케네디 대 마틴 루터 킹

케네디의 취임연설문과 마틴 루터 킹의 '나에게는 꿈이 있습니다' 라는 연설은 미국 국민들에게 힘을 주는 매우 선동적 연설이다. 연설 스타일은 판이하게 달랐으나 둘 다 훌륭한 연사로서 기억되고 있다.

취임사보다 더 유명한 케네디 대통령의 연설은 1963년 6월 26일에 행한 '나는 베를린 시민입니다' 이다. 그의 연설에 감동한 베를린 시민들이 사흘간 베를린을 휘젓고 다녀 군대가 출동해야 했을 정도였다.

케네디는 냉전시대 공산국가들에 둘러싸여 서방세계로부터 버림받을지 모른다고 생각하던 베를린 시민들의 불안감을 꿰뚫었다.

직접 작성한 연설문에서 그는 베를린으로 상징되는 자유세계를 위해 미국은 끝까지 싸울 것이라고 강조했다. 좋은 연설의 전제는 청중이 무엇을 요구하는지를 잘 읽어내는 것임을 보여준 본보기다.

2000년 전 가장 큰 자랑거리는 나는 로마시민입니다(Civis Romanus sum)이었습니다. 오늘날 자유세계에서 가장 자랑스러운 말은 '나는 베를린 시민이다.(Ich bin ein Berliner : 독어)' 입니다. 내 독일어를 옮겨준 통역에게 감사합니다(자신의 독일어 발음이 좋지 않다는 겸손의 뜻이 담긴 의미).

이 세상에는 자유세계와 공산세계 간의 가장 큰 이슈가 무엇인지 정말 모르는 사람들도 있고, 모르는 체하는 사람들도 있습니다. 그들을 베를린에 오게 합시다. 세상에는 공산주의가 미래의 흐름이라고 말하는 이들도 있습니다. 그들도 베를린에 오게 합시다.

유럽이나 다른 곳에서 공산주의자들과 손잡고 일할 수 있다고 말하는 이들도 있습니다. 그들도 베를린으로 데려 옵시다. 공산주의는 아마의 제도지만, 경제적 성장을 가능하게 하는 제도라고 말하는 이들도 일부 있는 모양인데, 그들도 베를린으로 오게 합시다. 자유란 어려운 것이고, 민주주의가 완벽한 것은 아닙니다. 그러나 우리는 높은 담을 쌓아 사람들을 가두고, 그들이 거기서 벗어나지 못하게 한 적은 없었습니다. 저는 비록 대서양 반대편에 멀리 떨어져 있지만, 그 먼 곳에서나마 지난 18년간의 역사를 여러분과 공유하며, 그

것을 자랑스럽게 생각해온 미국인들을 대신해서 말씀드리고 싶습니다. 서베를린은 18년 동안이나 포위되어 있었으면서도, 여전히 활력과 힘, 희망과 결의를 잃지 않고 살아가고 있습니다. 지구상 어느 곳에도 이런 도시는 없습니다.

    미국의 침례교회 목사이자 흑인해방운동가인 마틴 루터 킹은 1968년 암살당하기까지 비폭력주의에 입각한 '공민권 운동'의 지도자로 활약했으며 1964년 노벨평화상을 받았다. 그의 유명한 연설은 워싱턴 DC 집회 연설에서 한 '나에게는 꿈이 있습니다' 이다.
    이 연설은 반복적인 어구와 리듬감 있는 억양으로 많은 사람들의 지지를 받았다. 문장 첫 부분에서 어구를 반복 사용하고 있는데, 이러한 반복 사용은 주의를 집중시키고 메시지를 각인시키는 역할을 한다.

나에게는 꿈이 있습니다. 조지아주의 붉은 언덕에서 노예의 후손들과 노예 주인의 후손들이 형제처럼 손을 맞잡고 나란히 식탁에 마주 앉게 되는 꿈입니다. 나에게는 꿈이 있습니다.
이글거리는 불의와 억압이 존재하는 미시시피주가 자유와 정의의 오아시스가 되는 꿈입니다. 나에게는 꿈이 있습니다.
내 아이들이 피부색을 기준으로 사람을 평가하지 않고 인격을 기준으로 사람을 평가하는 나라에서 살게 되는 꿈입니다.
나에게는 꿈이 있습니다. 지금 나에게는 꿈이 있습니다.

빌 게이츠 대 스티브 잡스

21세기의 최고 프레젠터 스티브 잡스

애플사 스티브 잡스 회장의 프레젠테이션 테크닉은 미국 내에서뿐만 아니라, 동영상을 통하여 국내에서도 21세기의 최고 프레젠터로 평가되고 있다.

잡스의 마술 같은 프레젠테이션은 끊임없는 연습의 결과였다고 한다. 잡스는 다른 회사 최고경영자들과 비교할 수 없을 정도로 프레젠테이션에 능했지만, 이에 만족하지 않고 수많은 시나리오를 준비한 뒤 끊임없는 예행연습을 했다고 한다.

> 잡스는 슬라이드에 들어갈 내용과 말의 요점을 직접 작성하고 수정했다. 또 이를 친구 · 동료들과 심사숙고하며 개선했다. 잡스의 부인 로렌 파월은 '잡스는 각각의 슬라이드를 예닐곱 번씩 수정했다'며 '세 가지 슬라이드를 보여준 뒤 어느 것이 가장 나은지 묻곤 했다'고 말했다. 그는 예행연습을 한 차례 한 뒤 한두 단어를 바꾸고 처음부터 리허설하는 경우도 많았다. 잡스의 전기에는 '잡스의 제품 시연은 매우 단순한 것 같지만 이면에 정교함이 담겨있다는 점에서 애플 제품과 흡사하다'고 설명했다.

신제품을 소개할 때에도 요란하지 않고 자연스럽고 자신감 있는 표정과 몸짓을 보여주며, 간결한 비주얼 화면, 간결한 스피치와 청중들에게 생각하게 하는 짧은 침묵 등은 많은 프레젠터들에게 어떻게 멋진 프레젠테이션을 하는지에 대하여 시사하는 바가 크다. 스티브 잡스가 명품 프레젠테이션을 할 수 있는 것은 자신이 만든 제품에 대한 자신감이 충만해서이다.

신제품을 소개하는 프레젠테이션을 위주로 그의 프레젠테이션 테크닉을 살펴보자.

신제품 '아이폰'을 설명하는 프레젠테이션에서 그는 음악이 울려 퍼지는 가운데 무대 위로 올라왔고 관객은 환호하며 박수를 보냈다. 음악으로 청중에게 이제 프레젠테이션이 시작된다는 것을 알린 것이며, 아울러 청취할 수 있는 분위기를 조성한 것이다.

그 음악도 기발하다. 애플사나 신제품과 관련이 전혀 없고, 미국 사람이라면 잘 아는 대중음악인 제임스 브라운의 'I feel good'이었다. 이는 청중과의 친근감을 조성할 의미였다고 생각한다. 자칫 경직될 수 있는 분위기를 완화시키려는 의도가 깔려 있다.

무대에 오른 그의 뒤에 비치는 첫 슬라이드는 애플 로고였고, 다음 슬라이드는 'Mac World'란 단순한 글자였다. 여기서 오늘의 주제가 무엇인지 말하지 않고, '오늘 우리는 함께 역사를 만들어갈 것(Together today, we're going to make history)'이라고 했다.

캐주얼한 복장을 한 그는 무대에 있을 때 너무나 자연스럽게 청중의 시선을 끌며 이동한다. 그는 내용에 맞추어 능수능란하게 감정을 실어 몸짓 언어와 높낮이가 있는 스피치를 한다. 그가 프레젠테이션 마지막에 애플사 직원에게 감사를 표시할 때 목이 메이기도 했다.

이야기를 전개하는 경우, 먼저 새로운 개념을 소개하고 세부적인 설명을 하며, 마지막으로 총체적인 관점에서 요약을 한다. '아이폰'을 설명하는 프레젠테이션에서는 그 핵심이 되는 부분인 아이팟, 전화, 그리고 혁명적인 인터넷 통화의 3가지 기능을 모두 강조해서 설명한다. 그러고 나서 그는 청중으로 하여금 3가지 개념을 반복해서 말하도록 요청했는데, 이는 청중이 확실하게 기억하도록 유도하는 테크닉이 아닐 수 없다.

TV 광고로 사용된 장면이나 사진들, 심지어 비디오와 같은 영상물을 보여주며, 청중을 가만히 보고 듣고만 있게 만들지 않았다. 심지어 2, 3초마다 슬라이드를 넘기기도 한다.

또한 자신이 가장 강조하고 싶은 말을 할 때는 모든 청중의 관심을 모으기 위해 내용이 없는 슬라이드를 켜놓고 자신의 메시지를 전달한다. 이 빈 슬라이드는 다음에 나타날 이미지에 더 강한 인상을 준다. 어느 순간에는 짧게 침묵한다.

그가 여러 프레젠테이션들에서 보여주었던 슬라이드 화면은 아주 단순해서 놀랍기까지 한다. 암시하는 그림과 화살표들, 절제된 텍스트로 매우 간결하다. 심지어 단어 한 개만 있는 슬라이드를 보여주거나, 상징적인 그림 하나를 보여주기도 한다.

이런 단어와 그림은 설명이나 내용이라기보다는 말할 것을 암시하는 것이므로 청중이 슬라이드에서 읽으려고 노력을 기울일 필요 없이 그의 말을 경청하면 되었던 것이다.

스티브잡스 스탠포드 졸업식 연설문

먼저 세계 최고의 명문으로 꼽히는 이 곳에서 여러분들의 졸업식에 참석하게 된 것을 영광으로 생각합니다. 저는 대학을 졸업하지 못했습니다. 태어나서 대학교 졸업식을 이렇게 가까이서 보는 것은 처음입니다.
오늘 저는 여러분께 제가 살아오면서 겪었던 세 가지 이야기를 해볼까 합니다. 별로 대단한 이야기는 아닙니다. 딱 세 가지입니다.
먼저, 인생의 전환점에 관한 이야기입니다.
전 리드 칼리지에 입학한지 6개월만에 자퇴했습니다. 그래도 일 년 반 정도는 도강을 듣다 정말로 그만뒀습니다.
왜 자퇴했을까요?
그것은 제가 태어나기 전까지 거슬러 올라갑니다. 제 생모는 대학원생인 젊은 미혼모였습니다. 그래서 저를 입양보내기로 결심했던 거지요.

- 중 략 -

'노동'은 인생의 대부분을 차지합니다.
그런 거대한 시간 속에서 진정한 기쁨을 누릴 수 있는 방법은 스스로가 위대한 일을 한다고 자부하는 것입니다.
자신의 일을 위대하다고 자부할 수 있을 때는, 사랑하는 일을 하고 있는 그 순간 뿐입니다.
지금도 찾지 못했거나, 잘 모르겠다해도 주저앉지 말고 포기하지 마세요. 전심을 다하면 반드시 찾을 수 있습니다.
일단 한 번 찾아낸다면, 서로 사랑하는 연인들처럼 시간이 가면 갈수록 더욱 더 깊어질 것입니다. 그러니 그것들을 찾아낼 때까지 포기하지 마세요. 현실에 주저앉지 마세요.
세 번째는 죽음에 관한 것입니다.

17살 때 이런 문구를 읽은 적이 있습니다.
'하루 하루를 인생의 마지막 날처럼 산다면, 언젠가는 바른 길에 서 있을 것이다.'
이 글에 감명받은 저는 그 후 50살이 되도록 거울을 보면서 자신에게 묻곤 했습니다.
오늘이 내 인생의 마지막 날이라면, 지금 하려고 하는 일을 할 것인가? 아니오!라는 답이 계속 나온다면, 다른 것을 해야 한다는 걸 깨달았습니다.
인생의 중요한 순간마다 '곧 죽을지도 모른다'는 사실을 명심하는 것이 저에게는 가장 중요한 도구가 됩니다.

- 후 략 -

빌 게이츠의 변신

빌 게이츠 전 마이크로소프트 회장과 스티브 잡스 애플 CEO. 회사 경영 능력과 개인의 지적 수준만 놓고 보면 게이츠는 잡스에게 결코 뒤지지 않았다. 하지만 연설에서는 늘 잡스에게 KO패를 당하곤 했다.

게이츠는 특히 어려운 전문 용어와 복잡한 통계 수치를 나열, '지루한 연설의 대가'라는 악평을 받아왔다. 그런 그가 변신을 시도했다.

'2009 TED 콘퍼런스'에서 게이츠는 연설을 시작할 때 '나는 낙천주의자입니다. 어떤 어려운 문제라도 해결할 수 있다고 생각합니다'라며 운을 뗐다. 지난해 잡스가 새로운 노트북을 소개하며 '오늘 무언가 있습니다'라고 말한 것과 비슷했다.

게이츠가 첫 주제에 대해 언급할 때, 슬라이드에는 숫자 '1'만이 적혀 있었다. 워런 버핏과 함께 일한 것을 말할 때는 둘이 함께 찍은 사진이, 말라리아에 대해 얘기할 땐 빈민가 사진만이 있었다.

이렇게 연설에서 시각적인 면을 강조하는 것이 어떠한 수식어보다도 강력한 메시지 전달 효과를 가져올 수 있다고 비즈니스위크는 분석했다. 청중들은 슬라이드에 너무 많은 정보가 담기는 것을 싫어하기 때문이다.

게이츠는 '교사 개혁'을 강조하며, '좋은 교사는 어떻게 만들어질까요?'라고 관중을 향해 질문을 던졌다. 어젠다는 슬라이드에 적는 것보다 이같이 '말'로 표현하는 것이 더 좋다고 한다. 또 통계 수치들은 모두 문장 속에 녹여 넣었다. '전 미국 청소년의 30퍼센트가 고등학교를 졸업하지 못한다는 말을 듣고 깜짝 놀랐습니다. 저소득층에서는 50퍼센트를 넘는다고 합니다. 만약 당신이 빈민가에 산다면 대학 다닐 확률보다 감옥갈 확률이 더 높습니다'라는 식이다. 숫자에 대한 청중의 거부감을 줄이기 위한 방법이다.

게이츠는 연설에 유머도 담기 시작했다. 말라리아 방지에 대한 연설을 하면서 유리병을 열어 모기를 날리고, '말라리아약 개발보다 대머리 치료제 개발에 돈이 더 많이 들어가는 이유는 대머리가 부자들의 최대 고민이기 때문'이라고 말해 폭소를 자아내기도 했다.

미국의 시사주간지 비즈니스위크는 경영 일선에서 물러나 자선사업에 전념하는 게이츠가 각계의 다양한 사람들을 설득하기 위해 연설방식을 바꾸었다고 분석했다.

 맛있는 유머

유세장에서

1952년 대통령으로 출마해 캘리포니아 주에서 유세에 나선 애들레이 스티븐슨을 보고 한 여자가 어디서 얼굴을 그 지경으로 태워가지고 왔느냐고 물었다.

'골프장에서 사셨군요!' 라며 여자가 나무라는 것이었다.

'아닙니다. 플로리다 주에서 옥외연설을 하다보니 탔답니다' 라고 스티븐슨은 대답했다.

'얼굴이 그 정도 타도록 연설을 했다면 말이 너무 많으셨군요.'

나를 바꾸는 유머 화술의 지혜

우리는 행복하기 때문에 웃는 것이 아니고 웃기 때문에 행복하다.
- 윌리엄 제임스

유머의 성공은 내용보다는 전달하는 방법에 달려 있다.
- 지그문드 프로이트

부드러운 말로 상대를 정복할 수 없는 사람은 큰 소리를 질러도 정복 할 수 없다.
- 안톤 체호프

웃음은 두 사람 사이의 가장 가까운 거리이다.
- 빅터 보르게

6

유머의 역사 · 역사적 유머리스트의 유머 화법을 배워라

유머와 위트의 역사

유머도 시대 따라 바뀌었다

유머에도 역사가 있다.

유머의 역사를 간략하게 살펴보는 것은, 유머에 대한 철학을 가지고 품위 있는 유머를 구사하기 위한 준비 과정이라고 생각한다.

오늘날 유머라는 의미는 어떤 말이나 행동이 우스운 것으로 지각되어 상대방으로부터 기쁨과 웃음을 유발시키는 모든 것을 지칭하는 말로 쓰인다.

흥미로운 것은 서양에서는 유머에 대한 광의적인 의미가 지극히 최근에 와서야 만들어졌다는 점이다

유머란 말 자체가 생명력을 얻고 집약적으로 발전한 나라가 영국인데 평생을 유머 연구에 바쳤던 루이 카자미안은 1906년 '왜 유머

는 정의할 수 없는가'라는 책을 썼다. 그리고 1950년 유머의 집대성인 '영국에 있어서 유머의 발전'이란 논문을 발표했는데 이 속에서도 그는 유머의 정의를 내리는 작업을 포기하고 독자들을 브리태니커사전에 인도하고 말았다.

유머는 고대 그리스 시대에는 애초에 물질을 지칭하였지만, 점차적으로 지속적인 기질과 잠정적인 기분 모두와 관련된 심리적 의미로 발전하여 왔다.

유머의 어원은 액체나 물을 의미하는 라틴어 단어 'humorem'으로 출발하였다.

의학의 아버지로 불리는 고대 그리스의 히포크라테스(기원전 4세기)는 신체의 네 가지 액체 또는 유머, 혈액, 점액, 담즙, 흑담즙의 균형이 건강을 결정한다고 믿었다.

어느 날 역시 소크라테스의 아내인 크산티페가 기관총처럼 쉴 새 없이 떠벌이며 바가지를 긁는데 소크라테스는 들은 척도 안했다. 그러자 설거지를 하며 바가지를 긁고 있던 크산티페는 더욱 화가 나서 그만 설거지통 물을 소크라테스 얼굴에 퍼붓고 말았다. 과연 그래도 대응을 안 할 것인가? 그런데 소크라테스는 역시 현명한 철학자였다
'천둥번개가 친 다음에는 소낙비가 오기 마련이지'
오물을 뒤집어 쓴 소크라테스는 이렇게 말하며 오히려 웃고 있었다.

16세기에 이를 때까지는 유머란 말과 재미의 의미, 그리고 웃음의 연결고리는 존재하지 않았다. 영어에서 유머라는 단어는 계속해서 진화되어 16세기에 균형 잡히지 않은 기질이나 성격 특질로서, 사회규범에서 벗어난 행동을 지칭하는데 사용되었다.

따라서 '유머'는 괴상하거나 엉뚱하거나 유별난 사람을 의미하게 되었다. 즉 웃음의 대상이 되는 괴상하거나 유별난 사람이 '유머리스트(humorist)'로 알려지게 된 반면에 유머리스트의 독특성을 흉내 내서 즐거움을 얻는 사람을 '맨 오브 유머(man of humor)'라고 하였다.

결국 유머는 다른 사람을 웃기는 능력을 포함한 재능으로 간주되었다.

19세기 중엽부터 비로소 유머리스트(유머 작가)라는 용어가 '다른 사람을 즐겁게 해주기 위해서 유머라고 부르는 것을 만들어내는 사람'이라는 현대적 의미를 갖게 되었다.

유머 대 위트

서양에서 유머라는 단어의 의미가 영어에서 진화하던 같은 시기에, 웃음과 우스꽝스러움에 대한 일반 개념도 변화하고 있었다. 18세기 이전까지만 해도 대부분 웃음을 전적으로 부정적 용어로 간주하였다.

'함께 웃는 것'과 '조롱하는 것'의 구분이 없고, 모든 웃음은 누군가를 놀리는 것에서 유래한다고 믿었기 때문이다.

18세기부터는 '조롱(ridicule)'이란 단어가 오늘날 유머라는 단어를 사용하는 것과 같이 사용되었다. 즉 웃음과 기쁨을 야기하는 것을 지칭하는 보편적 용어로 사용되기는 했지만, 부정적·공격적 면이 보다 강했다.

그 당시 유럽에서는 조롱이 논쟁에서 상대를 우스꽝스럽게 만들어 의표를 찌르고 창피를 주는 보편적 기법이었다고 한다.

또한 사교모임에서 다른 사람들을 칼로 찌르듯 익살스럽고 멋진 표현을 하여 웃음을 촉발하는 데 유능한 사람은 만찬장에서 특히 환영받는 손님이었다. 이 시기에 조롱과 함께 사용되던 단어에는 '야유'와 '희롱'이 있었다.

> 신동으로 유명했던 볼테르에게 고약한 어떤 노인이 짓궂은 말을 했다. '여봐라, 너처럼 어린애 때 그렇게 영리하면 나이가 먹으면 바보가 되는 법이야.'
> '그런가요. 그럼 할아버지도 어렸을 때는 저처럼 영리했나 보죠?'

조롱이 사회적으로 용인받는 언어 기술이고 우호적인 대화에서 바람직한 부분으로 간주하는 견해가 점증하자, 웃음이 멸시와 경멸의 표현이라는 통념은 웃음을 '영리함과 교묘한 수법에 대한 반응'으로 간주하는 견해에 자리를 내주게 되었다.

이러한 변화는 18세기 영국 중산층 사회에서 박애심, 친절, 정중함, 그리고 품위 있는 사람과 공감하는 것의 중요성을 강조하는 새로운 감수성에 의해서도 영향을 받았다.

이와 발맞추어 사회개혁주의자들은 공격성보다는 공감에 근거한 인도주의적 웃음을 주창하기 시작했으며, 웃음의 박애적 토대를 기술하는 새로운 단어가 필요하게 되었는데, 유머가 이 목적을 위해 사용되기 시작한 것이다.

반면에 위트라는 단어가 과거에 보편적 용어인 조롱으로 기술되었던 공격적 유형의 웃음을 유발하는 행동을 지칭하는데 사용되기 시작했다.

20세기를 거치면서 위트와 유머 사이의 구분은 사라지게 되었으며, 유머가 우스꽝스러운 모든 것을 지칭하는 보편적 용어로 자리 잡게 되었다.

이제 유머는 더 이상 웃음을 유발하는 한 가지 자비로운 방법만을 나타내는 것이 아니라, 과거에 위트로 기술되어 왔던 공격적 형태를 포함한 모든 웃음의 원천을 지칭하게 되었다.

웃음에 대한 견해도 변해왔다

서양에서 유머라는 단어의 의미가 영어에서 진화하던 같은 시기에 웃음과 우스꽝스러움에 대한 일반 개념도 변화하고 있었다. 18

세기 이전까지는 대부분의 작가들은 웃음을 전적으로 부정적 용어로 간주하였다. '함께 웃는 것'과 '조롱하는 것'의 구분이 없고, 모든 웃음은 누군가를 놀리는 것에서 유래한다고 믿었기 때문이다.

웃음을 본질적으로 공격성의 형태로 간주하는 철학적 개념은 아리스토텔레스에까지 거슬러 올라가는데, 그는 웃음이 항상 다른 사람의 못생김이나 기형에 대한 반응이라고 믿었다. 다만 그는 웃음의 대상이 연민이나 분노와 같은 다른 강력한 정서를 야기할 때에는 웃음이 나타나지 않는다고 생각했다.

> 어느 술자리에서 근엄한 철학자인 크세노클라테스를 유혹하는 내기가 벌어졌다. 미녀인 프루네는 비법까지 썼지만 철학자를 유혹하는데 실패하자 벌금을 물게 되었다. 그러나 그녀는 거침없이 한 마디 했다.
> '남자를 유혹하기로 내기를 걸었지 누가 목석을 유혹하기로 하였나요. 뭐!'

이런 아리스토텔레스의 오랜 전통에 따라 17세기 영국 철학자 토마스 홉스는 웃음을 우월감이나 갑작스러운 승리감에 근거하여 다른 사람의 열등성을 지각하게 만드는 것으로 간주하였다.

웃음에 대한 견해와 행동은 그 시대를 지배하던 사회 규범을 반영한다.

1860년대 미국에서는 공공장소에서 웃는 것이 무례한 것으로 간주되었고, 20세기 초에서조차 몇몇 사회활동 영역(종교, 교육, 그리고 정치 영역)에서는 유머와 웃음이 부적절한 것으로 간주되었다. 물론 오늘날에는 유머와 웃음이 환영할 만한 것일 뿐만 아니라, 거의 모든 사회적 상황에서 적극적으로 권장되고 있다.

 생각하는 유머

중국 상해에서 버나드 쇼를 영접할 때의 일이다. 며칠 동안 계속 내리던 비도 마침 그치고 햇볕이 빛나고 있었다. 영접하는 사람 중 한 사람이 말했다. '당신은 운이 좋군요. 상해같이 날씨가 좋지 않은 곳에서 햇빛을 보게 되니 말이요' 버나드 쇼가 말했다.
'아니오. 태양이 운이 좋은 거요. 상해에서 버나드 쇼를 보게 되었으니 말이오.'

2 현대 이전의 유머리스트들

가장 오래된 유머

우리는 인류사에 길이 남을 정신적·사상적 보물인 과거의 인물들의 개념이나 말, 유머를 필요에 따라서 적절하게 인용하거나 패러디를 하면, 현재 우리가 의사소통을 하는데 큰 도움이 된다. 이런 방법도 효과적인 커뮤니케이션의 테크닉에 속함은 물론이다.

인류 최초의 변명(excuse)은 아담이 했다.

하나님이 에덴동산에서 무화과를 따먹지 말라고 했는데 이브의 유혹을 이기지 못하여 그것을 따먹은 후 하나님 앞에서 이브에게 책임을 돌린 것이 첫 번째 변명이다. 이브는 두 번째 변명을 했다.

이들이 에덴동산에서 쫓겨난 것이 변명과 무관치 않을 것이지만 이들이 위트를 적절히 사용했다면 가상히 여겨 용서해 주지 않았을까.

고대인도 분명히 사람들인 이상 심심할 때도 있고 스트레스를 받을 때가 있었을 것이다. 그래서 유머의 역사도 깊다. 역사적인 유물에서 가장 오래된 유머는 기원전 19세기에 비롯된다.

영국 울버햄프턴대학이 발굴한 메소포타미아 지방에서 가장 오래된 문명을 이룩한 수메르인의 비석에 이렇게 적혀 있다고 한다.

> 태고이래, 한 번도 일어나지 않은 일은 젊은 부인이 남편 무릎 위에서 방귀를 뀌는 것.

BC 19세기 고대 이집트의 파피루스에는 최고 통치자인 파라오와 관련된 유머가 기록되어 있다.

> 따분해 못 견디는 듯한 파라오를 즐겁게 만들어줄 수 있는 방법은 무엇일까? 그물만 입힌 젊은 여성을 배에 가득 싣고 나일강을 떠돌다 파라오에게 물고기를 잡아보라고 말하면 된다.

희극을 탄생시킨 고대 그리스 시대의 유머

사람을 웃기는 연극인 희극(comedy)의 어원은 그리스어의 'Komoidia'인데, 이것은 'Komos(酒宴)'의 'oide 노래'라는 뜻이다.

주신(酒神) 디오니소스 축제 때 풍자적인 노래를 부르면서 평소에 불쾌하게 생각했던 사람들을 비꼬기 위해 흉내를 내거나 주위의 구경꾼과 간단한 응답을 하는 과정에서 희극이 발생된 듯하다.

희극의 발생에 대한 다른 추측은 디오니소스를 위한 축하연주 중 술에 취해 남근(男根)을 상징하는 장대를 들고 마을을 돌아다닌 사람들의 노래에서 비롯했다고도 한다.

고대 그리스 시인 호메로스(BC 800?~BC 750)가 기원전 7세기에 지은 국민적 서사시 '오디세이아'에서도 유머를 읽을 수가 있다.

> 주인공 오디세우스는 외눈박이 거인 사이클롭스에게 자신의 본명이 '노바디(nobody)'라고 말했다. 이후 오디세우스가 공격해오자 사이클롭스가 외쳤다. '아무도 나를 공격하지 않는다!(Nobody is attacking me!)'

'철학자'라는 말의 의미인 '지혜를 사랑하는 자'라는 말에 적합한 최초의 인물인 아테네의 소크라테스(BC 470~BC 399)는 40살 연하와 결혼한 뒤 '내 조언은 결혼하라는 것이다. 좋은 아내를 만나면 행복할 것이고 그렇지 않으면 철학자가 될 것이다'라고 말했다. 이 충고는 또한 냉소적인 느낌을 준다.

우리가 알고 있듯이 그는 사형 선고를 받았다. 많은 사람이 '악법도 법이다'가 그의 마지막 유언이라고 알고 있지만 사실은 아니다. 소크라테스는 죽기 직전에 다음과 같은 말을 남겼다

> 여보게, 크리톤! 아스클레피오스(의술의 신)에게 닭 한 마리를 빚
> 졌다네. 자네가 대신 갚아주게.

　당시 아테네 사람들은 병이 나면 약과 의술의 신(아스클레피오스)에게 기도를 하고, 병이 나으면 감사의 표시로 닭 한 마리를 신전에 바쳤다. 그는 '독약의 약발이 제대로 받는군. 한 잔만 마셔도 충분해. 신에게 고맙다고 전해줘'라며 조크를 던진 것이다. 그에게 있어서 죽음은 끝이 아니라 흘러가는 하나의 과정일 뿐이라고 생각하고 이미 삶과 죽음, 그 너머에서 '육신의 죽음'을 바라보고 있었다. 그래서 유언의 순간에도 유머를 던진 것이다.
　난센스 퀴즈의 원조라고 할 수 있는 유머로 고대 그리스의 3대 비극작가 가운데 한 사람인 소포클레스(BC 496~BC 406)가 기원전 4세기경 저술한 《콜로노이의 오이디푸스 왕》에 그 유명한 '스핑크스의 수수께끼'를 들 수가 있다.

> 스핑크스가 오이디푸스에게 '아침에 네 발, 낮에 두 발, 저녁에는
> 세 발로 걸어가는 동물은 무엇일까'라고 질문했다. 이에 오이디푸
> 스가 '사람'이라고 답했다. 오이디푸스가 정답을 맞추자 스핑크
> 스는 벼랑에 몸을 던져 자살했다.

　일광욕을 하고 있을 때 알렉산드로스 대왕이 찾아와 소원을 물으니, 아무것도 필요 없으니 햇빛을 가리지 말고 비켜 달라고 하였다

라는 말은 유명한 그리스의 철학자 디오게네스(BC 400?~BC 323)가 했다. 그는 개 집 같은 곳에 살았으며 대낮에도 등불을 들고 아테네 시내를 킁킁거리며 다녔다. 그런 행동을 통해 그는 자신이 정직한 사람을 찾고 있다는 것을 보여주려 했다.

★ 그의 별명이 그리스 말로 kuon, 영어로 번역하면 'the dog' 이었던 것이 이상하지 않다. 당시에는 또 냉소적인 철학유파가 있었는데 이를 'cynic school' 이라 불렀다. 그리스 말로 'cynic' 은 '개의, 개와 관련이 있는' 의 뜻이었는데 이 말이 오늘날 '냉소적인' 의 뜻으로 사용되는 시니컬(cynical)로 전해졌다고 한다.

그리스 · 페르시아 · 인도에 이르는 대제국을 건설하여 그리스 문화와 오리엔트 문화를 융합시킨 알렉산드로스 대왕(BC 356~BC 323)은 자신감으로 가득 찬 말을 많이 하였다.

> 앞으로 그대가 나와 대화하고 싶다면, 수신인을 아시아의 대왕으로 할 것이며, 나와 동등한 입장으로 편지하지 마시오. 당신의 소유였던 것은 이제 모두 나의 것이니, 당신이 어떤 것을 원한다면 예의를 갖춰 내게 물으시오. 행여 그대가 나와 맞서 싸우려 한다면 나중에 도망가려 해도 소용이 없을 것이오. 당신이 어디로 피신하든 나는 당신을 찾아낸다는 것을 잊지 마시오. (페르시아의 다리우스 3세가 보낸 협상 제안 편지에 대한 알렉산드로스의 답장 중에서)

로마 시대의 유머

율리우스 카이사르(BC 100~BC 44)는 자신의 정적(政敵)을 마음속으로 받아들이는 '인자한 사람'으로 알려졌다. 돈을 빌리는 천재라고 일컬어진 그는 또한 인간적 매력도 풍부하여 뛰어난 웅변술과 함께 인심을 얻기에도 충분하였다. 실전의 영웅일 뿐만 아니라 군략을 짜내는 장군으로도 탁월한 재능을 보였으며, 문인으로도 알려졌다.

다음과 같은 말로 병사를 독려하며 갈리아와 이탈리아의 국경인 루비콘강을 건너 로마를 향하여 진격을 개시함으로써, 로마의 실권을 장악하였다.

> 이미 엎질러진 물이다. 이 강을 건너면 인간 세계가 비참해지고, 건너지 않으면 내가 파멸한다. 나아가자, 신들이 기다리는 곳으로, 우리의 명예를 더럽힌 적이 기다리는 곳으로. 주사위는 던져졌다!

역사상 위대한 웅변가로 평가받는 로마의 철학자 키케로(BC 106~BC 43)는 '사람은 먹기 위해 사는 게 아니라 살기 위해 먹는다'라고 말했다.

이 말을 누구나 잘 기억하는 이유는 이 말의 리듬과 구조 때문이며, 위트 있는 격언이라고 할 수 있다.

> 30년간 살아온 아내와 이혼한 키케로가 60세의 나이에 10대 소녀와 결혼식을 올렸다. 신부가 너무 어린 소녀가 아니냐는 질문에 키케로는 점잔을 빼고 웃으면서 말했다.
> '내일이면 숙녀가 되어 있을 겁니다' 이 말을 들은 시민들은 모두 할 말을 잃었다고 한다.

마르쿠스 아우렐리우스(121~180년)는 5현제(賢帝)의 마지막 황제이며 후기 스토아파의 철학자로 《명상록》을 남겼다. 당시 경제적·군사적으로 어려운 시기였고 페스트의 유행으로 제국이 피폐하여 그가 죽은 후 로마제국은 쇠퇴하기 시작하였다. 그가 남긴 유명한 일화이다.

> 마케도니아의 알렉산더 대왕이나 그의 마부도 죽은 후에는 같은 신세가 되었다. 그들은 우주의 동일한 생성원리에 귀속되었거나, 아니면 동일한 원자로 분해되었기 때문이다.

중세 및 근세 시대

중세 유럽의 스콜라 철학을 대표하는 이탈리아의 신학자였던 토마스 아퀴나스(1225~1274년)는 신 중심의 입장을 유지하면서도 인간의 상대적 자율을 확립하기도 했다.

'한 손엔 코란, 다른 손에는 검'이라는 이슬람의 폭력성을 상징하는 말은 그가 한 말이다. 그는 자신이 연구한 신학이 '한낱 지푸라기'에 불과한 것이라고 읊조리면서 조용히 눈을 감았다.

이탈리아의 시인이며 신앙인인 단테 알리기에리(1265~1321년)는 영원불멸의 거작《신곡》을 남겼다.

이 작품에는 플라톤, 토마스 아퀴나스 등 고대 철학자부터 여러 황제와 교황들, 제우스, 오디세우스 같은 신화 인물들과 유다, 솔로몬 등 성서 속 인물들이 등장해 천태만상인 인간군상을 그려냈다.

단테는 이 작품을 통해 추악한 현실을 고발하고 중세 모든 학문을 종합해 냈으며, 서사문학의 전통을 세웠다.

조숙했던 그는 9세 때 아버지 손에 이끌려 피렌체 귀족인 폴코가문 잔치에 참석해서 그곳에서 자신의 일생을 지배하게 될 한 소녀와 조우한다. 소녀 이름은 베아트리체였다. 당시 느낌을 단테는 훗날 이렇게 적는다. '생명의 기운이 너무나 심하게 요동치는 바람에 가장 미세한 혈관마저도 떨리기 시작했다.'

우아한 미소를 지닌 모나리자를 그린 레오나르도 다빈치(1452~1519년)는 르네상스 시대의 이탈리아를 대표하는 천재적 미술가·과학자·기술자·사상가이다. 그는 예술을 유머러스하게 설명했다.

그는 이렇게 주장했다. '예술은 자연의 딸이다. …… 다른 예술가의 방식을 흉내 내지 말라. 그렇다면 예술은 자연의 딸이 아니라 자연의 손녀가 되고 말 테니까.'

영국이 낳은 세계 최고 극작가인 섹스피어(1564~1616년)는 '젊어서 결혼하면 남자 인생이 망가진다'고 말했다.

왜 그렇게 말했을까. 그는 혼전 임신한 26세의 연상녀와 18세에 결혼했는데, 결혼 후 그의 20대 삶은 'lost years'로 묘사될 정도로 행복과는 거리가 멀었다. 그가 아내와 사이가 좋지 않아 대부분의 삶을 고향이 아닌 런던에서 보냈다는 사실까지 참조한다면, 남자가 일찍 결혼하면 망가진다고 말한 까닭이 짐작이 간다.

이탈리아의 바이올린 제작의 세계적인 거장인 안토니오 스트라디바리(1644~1737년)는 친구의 유혹에 다음과 같이 자신의 철학을 위트로 답했다고 한다.

내 일은 나의 것이다. 만일 내 손이 게을러지면, 나는 신을 버리는 것이다. 나는 최고다. 여기 크레모나에서 햇볕을 받으며 훌륭한 단풍나무가 음향목이 되어간다. 조화로운 선율을 위해 세련되어진다. 얼마나 기쁜 일인가. 나는 기술을 바꾸지 않을 것이다. 서투른 솜씨로 황제가 되었으니, 자연스레 더 이상 일을 하지 못할 때가 오면 깨어나서 그냥 앉아 있을 것이다.

'모순적'이라는 형용사가 항상 따라 붙는 프랑스 사상가 장자크 루소(1712~1778년)는 인간 본래의 모습을 손상시키고 있는 당대의 사회나 문화에 대하여 통렬한 비판을 가했다.

'약속을 가장 느리게 하는 사람은 그 약속을 가장 잘 지킬 사람이다'라고 말했지만. '속박은 여자의 피할 수 없는 운명이며, 그것에서 벗어나려는 여자는 한층 심한 고통을 만난다'라고 여성에 대한 악담을 하였다.

영국의 엄마들은 자녀들이 말을 듣지 않으면 '나폴레옹 군대가 잡아간다'고 말하는데, 이것은 한국 부모들이 자식들에게 '일본 순사가 잡아간다'고 얘기하는 것과 흡사하다. 영국과 프랑스는 11세기부터 35번을 싸워 영국이 23번, 프랑스가 11번 승리했다. 프랑스인들이 세계어인 영어를 회피하는 것도 이와 무관치 않아 보인다.

프랑스의 황제 나폴레옹(1769~1821년)의 통치술은 무엇일까? 그는 '레종 도뇌르' 훈장을 제정해서 1만 5천 명의 병사들에게 수여하고, 장군 가운데서 18명을 '대원수'에 임명해 자신의 군대를 '1등 군대'라고 불렀다.

역전의 용사들이 '장난감'으로 속였다는 비난을 하자, 그는 태연히 이렇게 대답했다.

병사들은 장난감에 의해 움직인다.

19세기 탐미주의 운동의 대표자로 꼽히는 영국 작가 오스카 와일드(1854~1900년)는 동성애로 투옥되기까지 드라마틱한 삶과 날카로운 풍자로도 유명하다.

> 칭찬하면서도 부러워하지 않고, 뒤쫓지만 모방하지 않고, 찬양하지만 아첨하지 않고, 지도자로 앞장서지만 남을 속이지 않는 사람, 이런 사람에겐 축복이 내릴지어다. …… 자기 자신을 자제하는 사람은 그가 즐거움을 찾아낼 수 있는 만큼 쉽게 슬픔을 이겨낼 수 있다.

현대적 의미에서 최초의 유머리스트는 누구일까?

미국의 많은 학자들은 마크 트웨인(1835~1910년)을 최초의 유머리스트 중의 한 사람으로 간주했다.

'톰 소여의 모험'을 쓴 그는 정치가들을 빗대 이렇게 말한 적이 있다.

> '나 오늘 정말 놀라운 장면을 하나 목격했어. 글쎄 정치가가 양손을 자기 바지 주머니에 넣고 있는 거야' 정치인들이란 늘 남의 바지 주머니, 그러니까 공공의 재산을 슬쩍한다는 걸 조롱한 것이다.

 생각하는 유머

톨스토이가 육욕(肉慾)은 어디까지나 억제시키는 것이 그리스도교의 이상이라고 주장하자 어떤 사람이 질문했다.
'그렇다면 인류는 자손이 끊어져 멸망하란 말씀인가요?'
'천만에 그런 염려는 마시오. 이상을 실현할 수 있는 사람은 있더라도 고작 얼마 안 될 테니까.'

해학적 웃음을 가진 우리 민족

예로부터 우리 선조들은 유머를 '해학(諧謔)'이라고 했다. 이는 익살스럽고도 품위가 있는 말이나 행동이라는 의미이다.

바꾸어 말하면 천박한 익살이 아니라 사람이 갖추어야 할 위엄이나 기품 있는 익살인 것이다. 말 그대로라면 해학은 유머보다 차원이 높은 익살이다.

고조선과 삼국 시대

혹자는 우리 민족은 잘 웃지 않는다고 비난했다. 그러나 우리는 서양의 에덴동산에서 쫓겨난 신화와 달리 단군 신화부터가 해학적 성품을 지녔다.

환웅이 인간세상을 다스리고 싶어서 지상에 내려와 세상을 다스리던 중에 짐승인 곰과 호랑이가 인간이 되고 싶어 하므로 그들에게 쑥과 마늘을 주어 그것을 먹게 하고 백일 굶기를 명하였다. 참을성 없는 호랑이는 도중에서 탈락이 되고 참을성 많은 곰은 이를 잘 지켜서 여자가 된 다음 결국 하느님의 아들 환웅과 결혼하여 아들을 낳으니 그가 단군이다.

호랑이와 곰의 인내심 겨루기, 곰이 여성이 되는 의외성은 유머의 요소를 모두 갖춘 스토리이다.

단군 신화를 비롯한 많은 해학들이 민담, 야사, 민요, 소화, 속담 등으로 구전되어 일상생활이 예술로 승화되어 해학이 창조되어 왔다. 어려운 한자로 쓰는 대신에 입에서 입으로 전해온 것이다.

상고대의 기록이 전반적으로 전해지지 않은 탓이기는 하지만 고조선이나 삼국 시대의 초기 사람들이 어떻게 웃었는지를 알려주는 기록이 없다.

그렇다고 우리의 상고대인들이 맨날 찌푸리고 있었던 것은 아니리라. 가령 그들이 음주와 가무를 즐기면서 밤낮으로 그치지 않았다는 기록이 있는 것으로 미루어 꽤나 웃고 떠들었을 것이라고 추정이 된다.

신라는 신라대로 웃음과 우스운 얘기들을 간직하고 있었을 것이나 직접 그 웃음소리를 들려주는 기록이 없다.

신라의 선덕여왕은 경주 가까운 여근곡에 어느 날 백제의 군대가 숨어들었다는 것을 점치듯 알아낸 후 즉각 신라군을 파견했다. 싸움에 이기고 신라군이 돌아오자 여왕은 이렇게 말했다.

'여근에 든 사내의 그 물건치고 고개 들고 나서는 법이 없지.' 남녀의 성관계로 풀이하는 여왕의 익살은 엄연히 음담패설이다.

한국문학 속의 해학의 전통은 신라로 거슬러 올라가게 된다. 8구체형식으로 씌어진 '처용가'는 역신에게 아내를 빼앗긴 처용의 감상을 표현하고 있는데, 남편으로서의 분노나 눈물이 오히려 해학을 통해 작품화되고 있다.

당연히 일어날 수 있는 분노를 일으키지 않고 체념적인 농담에 의하여 자신을 위로하고 고뇌가 오지 않도록 하면서 도리어 대상을 너그럽게 포용한 것이라고 한다.

또한 백제의 서동요, 백결 선생의 방아타령 등은 자연스럽고 슬기롭게 나아가는 희롱의 높은 경지를 보여주고 있다.

고려 시대와 조선 시대

고려 시대의 문학은 세태와 인정에 대한 날카로운 풍자와 기지로 변하여 갔으며, 기교 면에서는 현저한 세련미를 보여주었다고 문학을 연구하는 학자들은 말한다.

이것은 당시의 외환내우의 사회상으로 말미암은 것이어서 현실 염기나 도피에서 오는 향락적 유희성이 농후하다고 본다.

고려 시대에 민중의 풍조를 가장 엿보이게 하는 평민시인 속요에서는 현실염기나 도피성이 많다.

'청산별곡'을 비롯하여 동동, 서경별곡, 가시리, 만전춘 등은 문학 서정에도 오늘날 혀를 찰 만큼 기교를 보여주고 있다. 그 중에도 좀 외설적이라 할 만큼 희화된 노래 '쌍화점'과 '만전춘(滿殿春)'이 있다.

조선 시대는 양반 문화와 서민 문화로 나누어졌다.

조선 왕조도 중기를 넘어서서 임진란을 겪고 나면서부터 마침 물꼬가 트여서 흐르는 물같이 웃음보가 여기저기서 마구 터졌다. 체면 치레에 급급했을 선비들도 적잖은 그들의 문집에 우스운 애기 한두 편은 끼워넣었고 그들 스스로 음담집을 꾸며보기도 했다.

우스갯소리인 양반들의 애기는 의젓한 그들의 품격에 맞게 슬쩍 가볍게 비치고 지나가는 풍류를 잊지 않고 있다. 그것이 양반다운 해학적 웃음이다. 양반은 욕을 해도 그냥 '욱' 하고 만다고 했듯이 농이나 익살도 그렇지 않은 듯이 시치미 떼는 구석이 있어 감칠맛도 난다.

양반이 풍류로 웃는 동안, 하류 계층인 서민들은 풍자와 조롱과 신세한탄을 섞어가며 걸쭉하게 진탕으로 웃었다.

탈춤, 사설시조, 국문소설, 판소리, 타령, 민요 등 여러 문학 장르에 울려 퍼지는 걸쭉한 웃음판이 따르기도 했다고 한다.

김열규 교수는 조선 시대의 서민 문화를 '서민들은 이처럼 간지럽히며 웃고, 두들겨 패며 웃고, 대거리하며 웃고, 배 만지며 등치는 꼴로도 웃고, 비아냥거리면서도 웃었다. 굿하면서도 웃었다. 이것이 서민의 웃음들이다'라고 하였다.

서민들은 남을 속여 먹는 것을 재미있어 했다. 약한 자가 기지나 꾀로 강한 자를 속이는 것에 해학의 묘미가 있다.

《별주부전》의 토끼가 그의 동료 사기꾼들의 선례를 따라 자신을 속이려 든 자라를 거꾸로 속여 먹는 장면에서 우리들은 쾌재를 부른다.

사기술이 쾌감을 불러일으키는 것은 그 기지 때문이기도 하지만 아울러 강한 자나 우월한 자를 거꾸러뜨리는 희극적 전도 때문이기도 하다.

그러나 나라를 잃어가면서 우리 민족의 밝은 웃음은 사라져버리고 서글픈 체념의 웃음은 '아리랑'에 옮겨져 입에 오르내리며 우리 민족의 가슴 속 깊이 남아 있었다. 강점기와 6.25를 거치면서 굶주리게 되자 해학은 자취를 감춘 듯하다. 미국 문화가 들어오자, 점점 서구식 유머에 귀가 솔깃해지고 위트를 사용하는 풍조가 시작되었다.

 생각하는 유머

'술 한 잔 합시다'
아는 사람이 술을 마시자고 했다.
무척 술을 좋아하는 사람이 술을 끊었다고 하자 상대방이 놀랐다.
'정말이요'
'그래요. 그러나 끊는 기념으로 한 잔하지요'
이러면 웃음이 터진다.

위트는 어렵지 않다. 간단한 언어유희부터 시작해 보라.

4 우리 선조의 유머 감각

동서양 유머의 차이

제37차 세계 작가 대회에서 '해학의 동양적 특색'이라는 제목으로 특별강연을 한 이은상 선생은 동양의 해학은 구속받지 않고 시속과 예절 심지어는 생식마저 초탈한 경지며 그러한 경지는 달관의 경지를 주무르는 것이라고 하였다.

학자들은 동서양 유머의 차이에 대해 다음과 같이 말하고 있다.

동양의 해학은 악의가 끼어 있지 않은 인정 그대로의 발로이기나 아니면 인생을 한 우열한 것의 연속으로 보고 초연한 태도를 취하거나 은근하게 나타나 미소를 머금게 하는 반면에 서양의 것은 어딘가 계략적인 데가 있어서 비꼬고 찌르는 맛이 있다고 했다.

바꾸어 말하면, 현실을 관용으로 비꼬는 아이러니와 풍자에 바탕을 둔 익살이 동양의 해학이라면, 서양의 유머는 현실에 대하여 적극적이며 폭로적인가 하면 공격적이며 조소적인 태도로서 위트 성향이 강하다고 할 수 있다.

다음에 우리 선인들의 유머 센스를 살펴 보면 동양의 익살을 엿볼 수가 있을 것이다.

세종과 황희

조선조 명재상의 대명사처럼 일컬어지는 황희는 무려 네 명의 왕에게 봉직하면서 50년 이상 주요관직을 두루 역임하였지만, 청빈한 삶을 산 것으로도 아주 유명하다.

영의정 시절 세종이 미복 차림으로 사전 연락 없이 황희 집을 찾았다. 그때 마침 황희는 늦은 저녁을 먹고 있었는데 예고 없는 왕의 방문에 허겁지겁 상을 한쪽으로 물리고 왕을 맞았다.
세종은 황희의 집에 들어서면서 정승의 집이라고는 도저히 믿어지지 않는 초라함에 이미 놀랐었는데, 방에 들어서서 보니 방바닥은 장판도 없이 멍석이 펼쳐져 있는 것이 아닌가. 또 먹다 치워놓은 밥상에는 누런 보리밥에 반찬이라고는 된장에 풋고추 너덧 개만이 놓여 있었다. 세종은 민망스러워하는 황희를 보고 '경은 등이 가려우면 시원하게 긁기는 좋겠소. 자리에 누워 비비기만 해도 될 테니까' 하는 농을 하고 돌아갔다.
이때 실상은 영의정의 가세가 빈한하여 막내딸을 시집보낼 혼숫감을 장만하지 못하고 있다는 소문을 들은 세종이 믿어지지 않아 확인차 출행한 것이었다. 다음날 세종은 혼숫감을 공주의 수준에 준하여 황희의 집으로 보내줬다고 하며, 이후로도 곤궁하여 결혼 준비가 어려운 관리들에게 혼수를 내리는 계기가 되었다고 한다.

황희는 공사에는 엄격하고 강직했으나 개인적으로는 온후 자상한 인물로도 알려졌는데, 그 점을 알 수 있는 일화가 많다.

하루는 어린 종 둘이 다투다가 퇴청하는 황희와 마주치자 민망해져서 그 중 하나가 상대의 잘못된 행위 때문에 사단이 발생하였다고 일렀다. 어린 종에게 자초지종을 다 들은 황희는 '그래, 그래 네가 옳다' 하고 다독거려 주었다고 한다. 그러자 다른 종도 주인이 역성을 드는 줄 알고 자기변명을 늘어놓자, 그 또한 다 듣고는 '그렇다면 네 말도 맞구나' 하고는 둘을 타일러 돌려보내었다.
이때 이 작은 소동을 방안에서 다 들었던 부인이 타박하기를 '아니, 대감께서는 이놈도 옳다, 저 놈도 옳다하시니 어찌된 일이십니까? 시시비비를 확실히 밝혀 주셔야 되지 않겠습니까? 한 나라의 정승께서 그리도 사리가 확실치 않으시면 어떻게 하십니까?' 하고 농을 건넸다. 그러자 황희는 '맞소, 맞소. 부인 말씀도 참으로 맞소' 하고 대답하여, 그만 부인도 어이없어 웃고 말았다고 한다.

매월당 김시습

김시습은 태어난 지 여덟 달 만에 글을 알았고, 3살 때에는 이미 시를 지었다고 하며 5살 때에는 학문을 공부하면서 그의 천재성이 장안에 널리 알려졌다.

당시 허조라는 정승이 그 소문을 듣고 호기심이 동해 그의 집으로 찾아가서 넌지시 늙을 노(老)자를 넣어 시를 한 구만 지어 달라고 했다. 그 말을 들은 김시습은 조금도 주저하는 기색없이 다음과 같이 시를 지었다.

늙은 나무에 꽃이 피니 마음만은 늙지 않았도다.(老木開花心不老)

허조는 과연 신동이라 감탄하여 돌아갔고 이 소문이 급기야 세종에게까지 전해져 지신사에게 사실여부를 확인하라고 지시하였다. 지신사는 시중의 소문이 틀림없음을 왕에게 보고했다. 보고받은 세종은 가상하게 생각하여 비단 50필을 상으로 주도록 지시하면서 김시습이 그 많은 비단을 어떻게 가져가는지 보려고 다른 사람의 도움을 받지 않고 혼자의 힘으로 가져가야 한다고 분부를 했다.

어린 시습은 조금도 당황하지 않고 각 필의 끝을 서로 묶은 다음 그 한쪽 끝을 허리에 묶어서 끌고 나갔다고 한다. 이 광경을 목격한 사람들은 신동이 났다며 감탄해 마지않았다고 한다.

세조의 언어 유희

조카 단종을 몰아내고 끝내 사약까지 내린 조선 7대 임금 세조는 뛰어난 언어 감각을 지녔던 듯하다. 그런 부분을 잘 보여주는 일화가 '신정승 구정승' 유머다.

> 영의정 신숙주와 새로 우의정이 된 구치관은 사이가 좋지 않았다. 그런 둘을 술상 앞에 앉힌 세조, '신정승'이라고 불렀다. 신숙주가 '예' 하고 대답하자 '신(新)정승을 불렀는데 왜 신(申)정승이 대답하느냐'며 벌주를 먹였다. 이번엔 '구정승'이라고 불렀다. 구치관이 대답하자 '구(舊)정승을 불렀는데 왜 구(具)정승이 대답하느냐'며 벌주를 먹였다.
> 웃으며 한 잔, 난처해하며 한 잔. 이런 술자리였으니 두 정승의 어색한 관계가 풀어지지 않을 수 없었을 것이다.

유머집을 쓴 성현

조선 전기의 문신·학자인 성현(成俔)의 수필집 《용재총화》에는 유명인들의 일화나 해학담, 일반 대중이나 천인들의 소화(笑話)에 이르기까지 다양한 설화를 담고 있다. 《용재총화》에 나오는 이야기다.

> 조선 세종 때의 대제학 정초(鄭招)는 책을 한 번 보면 그대로 암송했다. 과거 시험이 닥쳤는데도 놀기만 하더니, 하루는 육경(六經)을 뽑아 한 번 슬쩍 훑었다. 그런데 강론할 때 깊은 뜻을 술술 설명하고, 시험관이 물으면 메아리처럼 응답했다. 어렸을 때 일이다. 어떤 중이 《금강경》을 읽자 그는 '저런 것은 한 번 보면 왼다'고 했다. 발끈한 중이 그와 내기를 벌였다. 그는 북채를 쥐고 북을 치면

서 《금강경》을 물 흐르듯 외워 나갔다. 반 권쯤 암송하자 중은 슬그머니 도망쳐 버렸다고 한다.

장난이 어우러진 오성과 한음

　양반의 웃음은 점잖고 유식하다못해 심지어 모른 척 딴전을 피우기도 했다. 에둘러 와서 실제 말한 것보다 훨씬 더 많은 것을 전달한다.
　이항복은 어전회의 때 원수 권율을 속여 임금 앞에 맨발을 내어놓게 해 웃음거리로 만들었다. 더군다나 권율은 이항복의 장인이었다. 그런 장소에서 이런 해프닝이 벌어졌다고 생각하면 재미있다.
　오성 이항복(李恒福)과 한음 이덕형(李德馨)이라는 장난꾸러기들의 설화가 전해지고 있다.
　지금 우리가 알고 있는 것처럼 두 사람은 어릴 때부터 같은 동네에서 살았던 것은 아니다. 오성은 한음보다 5살이 더 많다고 한다.
　오성은 해학도 좋아하고 사람도 잘 사귀었으나 한음은 수재였고, 착실했다. 그러나 국사를 논의할 때는 둘의 뜻이 맞았다.
　두 사람은 어릴 때 대단히 가난했던 공통점을 지녔으며, 장난이 심하고 기지도 뛰어났다.

오성의 아버지는 오성의 담력을 시험하려고 한밤중에 외딴 숲 속의 고목나무 구멍에 무엇이 있는가를 알아 오라고 시키고, 먼저 가서 나무 구멍 속에 숨어 있다가 오성이 구멍 속으로 손을 넣을 때 안에서 그의 손을 잡았는데, 오성은 놀라지 않고 가만히 있다가 체온이 느껴지자 귀신이 아니고 사람의 장난임을 알았다는 것이다.

한 많은 정조의 유머

조선의 제22대 왕 정조는 세손에 책봉될 때까지는 왕가의 일반적인 코스를 밟았지만 생부 사도세자가 비극적으로 죽게 되면서 왕위에 오르기까지 험난한 여정을 거쳤다.

정조가 화성이 있는 수원 능행을 하였다가 밭 가운데에 있는 돌담을 보고 무엇이냐고 물었다.

곁에 모시고 있던 윤행임(尹行恁)이 돌담이라고 대답하였더니, 정조가 다시 묻기를 '돌담이면 왜 돌지를 않는고?' 하였다. 이에 윤행임이 '그 돌 밑에 밭이 받치고 있어 돌지 못합니다' 라고 대답하였다.

율곡 이이의 러브스토리

율곡 이이는 현실 정치가이면서도 위대한 사상가였다. 또한 남을 공경하는 것을 내 몸 아끼는 것보다 더한 정성으로 대하였다고 한다. 그의 러브스토리이다.

> 율곡이 황해도 관찰사 시절에 몸종으로 데리고 있던 유지라는 아이가 평소에 율곡을 흠모하다가 율곡이 떠난 후 숙성하여 관기가 되었다고 한다. 그 후에 율곡이 해주에 들렸을 때 율곡을 찾아와 연모의 정을 호소하였다. 그러나 두 사람은 한 방에서 병풍으로 경계를 짓고 촛불을 밝혀둔 채 뜬 눈으로 밤을 지새웠다고 한다. 그리고 유지의 애끓는 마음에 혹여 상처라도 줄까봐 다음과 같은 위로의 글을 전해주었다고 한다.
> '문을 닫자 하니 인정을 상할 것이요, 같이 자자하니 의리를 해칠 것이다. (廢門兮傷仁 同寢兮害義)'

대원군과 시골 선비

파란만장한 삶을 산 흥선대원군에 관한 일화가 많이 전해지고 있다. 그 일화 중에는 재미난 것도 있다. 고종이 즉위하고 흥선대원군이 한창 세력을 떨치고 있을 때 일이다.

어느 시골 선비가 대원군을 찾아왔다.
선비는 대원군을 뵙자마자 정중하게 인사를 했는데, 대원군이 책을 읽는 척하고는 반응을 보이질 않았다. 그러자 선비, 대원군이 자기를 못 본 줄 알고 또다시 절을 했는데 당장 호통이 날아왔다.
'네 이놈, 내가 송장이라더냐? 난데없이 두 번 절이라니!'
선비는 놀랐지만 싱긋 웃고는 기지를 발휘했다.
'아니옵니다. 처음 것은 뵙는 절이옵고 두 번째 것은 물러나는 절이옵니다' 대원군이 무릎을 쳤다. '옳거니……'
문맥상 선비가 이긴 것은 분명하나 대원군이라고 지고만 물러선 것은 아니다. 그는 그대로 사람을 얻은 기쁨, 그 보람을 누린 것이다. '상갓집 개'라고 손가락질 받고 비난의 소리를 들으면서 자식을 왕으로 만든 그가 아닌가.

 생각하는 유머

장터의 선전

남대문시장에 들리면 발과 손으로 박자를 맞추면서 신나게 이말 저말 늘어놓는 사람들을 볼 수 있다.
'골라, 골라, 막 골라, 천 원에 두 장, 세상에 가장 좋은 남싸롱 물건!',
'아저씨, 아줌마, 아가씨, 그냥가면 섭섭해 한 보따리 몽땅 천 원!'
'날이면 날마다 오는 것이 아닙니다. 그냥 가면 평생후회, 순간의 선택이 평생을 좌우합니다. 자! 한 번 보고 가세요'
이런 풍경은 가던 걸음을 멈추게 하는 장면이다.

야외 놀이나 행사 시 적절히 사용하면 상당히 분위기가 고조될 수 있는 메뉴이다.

나를 바꾸는 유머 화술의 지혜

희망은 불행한 사람의 제2의 영혼이다.　　- 괴테

상대의 말을 듣는 것, 그것이 사람과 사람을 연결하는 통로이다.　　- 시로야마 사부로

말 한마디로 상황을 바꿀 수 있는 일이 많은데도 그 말을 하지 않을 때가 많다.
　　- 노먼 더글러스

관념과 실제의 차이에서 웃음이 발생한다.
　　- 쇼펜하우어

나를 바꾸는 유머 화술의 지혜

인간을 만들어 내는 것이 이성이라면, 인간을 이끌어 가는 것은 감정이다.　　　　　- 루소

웃음은 전염된다. 웃음은 감염된다. 이 둘은 당신의 건강에 좋다.　　　　　- 윌리엄 프라이

제6장 유머의 역사 · 역사적 유머리스트의 유머 화법을 배워라

참고문헌

마빈 토카이어 외 3인 지음, 현용수 편역, 《탈무드의 웃음》, 동아일보사, 2009.
김열규 지음, 《왜 사냐면,… 웃지요》, 궁리출판, 2003.
막시무스 · 이지예 지음, 《농담》, 도서출판 이른아침, 2003.
월리스 고스 리기어 지음, 이창신 옮김, 《아첨론》, 이마고, 2008.
Rod A. Martin 지음, 신현정 옮김, 《유머심리학: 통합적 접근》, 도서출판 박학사, 2008.
밥 돌 지음, 김병찬 옮김, 《대통령의 위트》, 아테네, 2007.
지그문트 프로이트 지음, 지그문트 프로이트 옮김, 《농담과 무의식의 관계》, 열린책들, 2004.
마르쿠스 툴리우스 키케로 지음, 안재원 옮김, 《수사학(말하기의 규칙과 세계)》, 길(박우정), 2006.
박성창 교수 지음, 《수사학》, 문학과 지성사, 2000.
이수용 지음, 《인간관계의 심리》, 학지사, 2002.
박연호, 이종호 외 1명 지음, 《현대 인간관계론》, 박영사, 2007.
김종재 지음, 《인간관계론》, 박영사, 2003.
차종환 지음, 《유머 해학 대사전》, 예가, 2003.
이상근 지음, 《해학 형성의 이론》, 경인문화사, 2002.
김원석 지음, 《한권으로 읽는 한국의 소담》, 문학수첩, 2006.
최규상 지음, 《유머 스타일》, 토네이도, 2009.
송충규 지음, 《유머작법가이드》, 동현출판사, 2004.
김현룡 지음, 《조선왕조 500년 유머》, 자유문학사, 2003.
사이먼 시백 몬티프아레 지음, 이창신 옮김, 《세상을 바꾼 25인의 연설》, 두앤비컨텐츠, 2007.
김헌 지음, 《위대한 연설》, 인물과 사상사, 2008.
조화유 지음, 《세계를 감동시킨 영어 명연설》, 월간 조선사, 2001.
류중석 지음, 《해공 신익희 일대기》, 민족공동체연구소, 1999.
이남규 지음, 《인터넷 유머영어》, 다락원, 1997.
롤프 브레드니히 지음, 이동준 옮김, 《위트 상식사전》, 보누스, 2005.

가림출판사 · 가림M&B · 가림Let's에서 나온 책들

문학

바늘구멍 켄 폴리트 지음 | 홍영의 옮김 | 신국판 | 342쪽 | 5,300원
레베카의 열쇠 켄 폴리트 지음 | 손연숙 옮김 | 신국판 | 492쪽 | 6,800원
암병선 니시무라 쥬코 지음 | 홍영의 옮김 | 신국판 | 300쪽 | 4,800원
첫키스한 얘기 말해도 될까 김정미 외 7명 지음 | 신국판 | 228쪽 | 4,000원
사미인곡 上·中·下 김충호 지음 | 신국판 | 각 권 5,000원
이내의 끝자리 박수완 스님 지음 | 국판변형 | 132쪽 | 3,000원
너는 왜 나에게 다가서야 했는지
김충호 지음 | 국판변형 | 124쪽 | 3,000원
세계의 명언 편집부 엮음 | 신국판 | 322쪽 | 5,000원
여자가 알아야 할 101가지 지혜
제인 아서 엮음 | 지창국 옮김 | 4×6판 | 132쪽 | 5,000원
현명한 사람이 읽는 지혜로운 이야기
이정민 엮음 | 신국판 | 236쪽 | 6,500원
성공적인 표정이 당신을 바꾼다
마츠오 도오루 지음 | 홍영의 옮김 | 신국판 | 240쪽 | 7,500원
태양의 법 오오카와 류우호오 지음 | 민병수 옮김 | 신국판 | 246쪽 | 8,500원
영원의 법 오오카와 류우호오 지음 | 민병수 옮김 | 신국판 | 240쪽 | 8,000원
석가의 본심 오오카와 류우호오 지음 | 민병수 옮김 | 신국판 | 246쪽 | 10,000원
옛 사람들의 재치와 웃음 강형중·김경익 편저 | 신국판 | 316쪽 | 8,000원
지혜의 쉼터 쇼펜하우어 지음 | 김충호 엮음 | 4×6판 양장본 | 160쪽 | 4,300원
헤세가 너에게 헤르만 헤세 지음 | 홍영의 엮음 | 4×6판 양장본 | 144쪽 | 4,500원
사랑보다 소중한 삶의 의미
크라나무르티 지음 | 최윤영 엮음 | 신국판 | 180쪽 | 4,000원
장자 — 어찌하여 알 속에 털이 있다 하는가
홍영의 엮음 | 4×6판 | 180쪽 | 4,000원
논어 — 배우고 때로 익히면 즐겁지 아니한가
신도회 엮음 | 4×6판 | 180쪽 | 4,000원
맹자 — 가까이 있는데 어찌 먼 데서 구하려 하는가
홍영의 엮음 | 4×6판 | 180쪽 | 4,000원
아름다운 세상을 만드는 사랑의 메시지 365
DuMont monte Verlag 엮음 | 정성호 옮김 | 4×6판 변형 양장본 | 240쪽 |
8,000원
황금의 법 오오카와 류우호오 지음 | 민병수 옮김 | 신국판 | 320쪽 | 12,000원
왜 여자는 바람을 피우는가?
기셀라 룬테 지음 | 김현성·진정미 옮김 | 국판 | 200쪽 | 7,000원
세상에서 가장 아름다운 선물 김인자 지음 | 국판변형 | 292쪽 | 9,000원
수능에 꼭 나오는 한국 단편 33 윤종필 엮음 및 해설 | 신국판 | 704쪽 | 11,000원
수능에 꼭 나오는 한국 현대 단편 소설
윤종필 엮음 및 해설 | 신국판 | 364쪽 | 11,000원
수능에 꼭 나오는 세계단편(영미권)
지창영 옮김 | 윤종필 엮음 및 해설 | 신국판 | 328쪽 | 10,000원
수능에 꼭 나오는 세계단편(유럽권)
지창영 옮김 | 윤종필 엮음 및 해설 | 신국판 | 360쪽 | 11,000원
대왕세종 1·2·3 박충훈 지음 | 신국판 | 각 권 9,800원
세상에서 가장 소중한 아버지의 선물
최은경 지음 | 신국판 | 144쪽 | 9,500원

건강

아름다운 피부미용법
이순희(한독피부미용학원 원장) 지음 | 신국판 | 296쪽 | 6,000원
버섯건강요법 김병각 외 6명 지음 | 신국판 | 286쪽 | 8,000원
성인병과 암을 정복하는 유기게르마늄
이상현 편저 | 카오 샤오이 감수 | 신국판 | 312쪽 | 9,000원
난치성 피부병 생약효소연구원 지음 | 신국판 | 232쪽 | 7,500원

新 방약합편 정도명 편역 | 신국판 | 416쪽 | 15,000원
자연치료의학
오홍근(신경정신과 의학박사·자연의학박사) 지음 | 신국판 | 472쪽 | 15,000원
약초의 활용과 가정한방 이인성 지음 | 신국판 | 384쪽 | 8,500원
역전의학 이시하라 유미 지음 | 유태종 감수 | 신국판 | 286쪽 | 8,500원
이순희식 순수피부미용법
이순희(한독피부미용학원 원장) 지음 | 신국판 | 304쪽 | 7,000원
21세기 당뇨병 예방과 치료법
이현철(연세대 의대 내과 교수) 지음 | 신국판 | 360쪽 | 9,500원
신재용의 민의학 동의보감
신재용(해성한의원 원장) 지음 | 신국판 | 476쪽 | 10,000원
치매 알면 치매 이긴다
배오성(백상한방병원 원장) 지음 | 신국판 | 312쪽 | 10,000원
21세기 건강혁명 밥상 위의 보약 생식 최경순 지음 | 신국판 | 348쪽 | 9,800원
기치유와 기공수련
윤한홍(기치유 연구회 회장) 지음 | 신국판 | 340쪽 | 12,000원
만병의 근원 스트레스 원인과 퇴치
김지혁(김지혁한의원 원장) 지음 | 신국판 | 324쪽 | 9,500원
김종성 박사의 뇌졸중 119 김종성 지음 | 신국판 | 356쪽 | 12,000원
탈모 예방과 모발 클리닉 장정훈·전재홍 지음 | 신국판 | 252쪽 | 8,000원
구태규의 100% 성공 다이어트
구태규 지음 | 4×6배판 변형 | 240쪽 | 9,900원
암 예방과 치료법 이춘기 지음 | 신국판 | 296쪽 | 11,000원
알기 쉬운 위장병 예방과 치료법 민영일 지음 | 신국판 | 328쪽 | 9,900원
이온 체내혁명
노보루 야마노이 지음 | 김병관 옮김 | 신국판 | 272쪽 | 9,500원
어혈과 사혈요법 정지천 지음 | 신국판 | 308쪽 | 12,000원
약손 경락마사지로 건강미인 만들기
고정환 지음 | 4×6배판 변형 | 284쪽 | 15,000원
정유정의 LOVE DIET 정유정 지음 | 4×6배판 변형 | 196쪽 | 10,500원
머리에서 발끝까지 예뻐지는 부분다이어트
신상만·김선민 지음 | 4×6배판 변형 | 196쪽 | 11,000원
알기 쉬운 심장병 119 박승정 지음 | 신국판 | 248쪽 | 9,000원
알기 쉬운 고혈압 119 이정균 지음 | 신국판 | 304쪽 | 10,000원
여성을 위한 부인과질환의 예방과 치료
차선희 지음 | 신국판 | 304쪽 | 10,000원
알기 쉬운 아토피 119
이승규·임승엽·김문호·안유일 지음 | 신국판 | 232쪽 | 9,500원
120세에 도전한다 이권행 지음 | 신국판 | 308쪽 | 11,000원
건강과 아름다움을 만드는 요가
정판시 기음 | 4×6배판 변형 | 224쪽 | 14,000원
우리 아이 건강하고 아름다운 통다리 만들기
김성훈 지음 | 대국전판 | 236쪽 | 10,500원
알기 쉬운 허리디스크 예방과 치료
이종서 지음 | 대국전판 | 336쪽 | 12,000원
소아과 전문의에게 듣는 알기 쉬운 소아과 119
신영규·이강우·최성항 지음 | 4×6배판 변형 | 280쪽 | 14,000원
피가 맑아야 건강하게 오래 살 수 있다
김영찬 지음 | 신국판 | 256쪽 | 10,000원
웰빙형 피부 미인을 만드는 나만의 셀프 피부건강
양해원 지음 | 대국전판 | 144쪽 | 10,000원
내 몸을 살리는 생활 속의 웰빙 항암 식품
이승남 지음 | 대국전판 | 248쪽 | 9,800원
마음한글, 느낌한글 박완식 지음 | 4×6배판 | 300쪽 | 15,000원
웰빙 동의보감식 발마사지 10분
최미희 지음 | 신재용 감수 | 4×6배판 변형 | 204쪽 | 13,000원
아름다운 몸, 건강한 몸을 위한 목욕 건강 30분
임하성 지음 | 대국전판 | 176쪽 | 9,500원
내가 만드는 한방생주스 60 김영섭 지음 | 국판 | 112쪽 | 7,000원

건강도 키우고 성적도 올리는 자녀 건강
김진돈 지음 | 신국판 | 304쪽 | 12,000원

알기 쉬운 간질환 119 이관식 지음 | 신국판 | 264쪽 | 11,000원

밥으로 병을 고친다 허봉수 지음 | 대국전판 | 352쪽 | 13,500원

알기 쉬운 신장병 119 김형규 지음 | 신국판 | 240쪽 | 10,000원

마음의 감기 치료법 우울증 119 이민수 지음 | 대국전판 | 232쪽 | 9,800원

관절염 119 송영욱 지음 | 대국전판 | 224쪽 | 9,800원

내 딸을 위한 미성년 클리닉
강병문 · 이향아 · 최정원 지음 | 국판 | 148쪽 | 8,000원

암을 다스리는 기적의 치유법
케이 세이헤이 감수 · 카와지 나리카즈 지음 · 민병수 옮김 | 신국판 | 256쪽 | 9,000원

스트레스 다스리기
대한불안장애학회 스트레스관리연구특별위원회 지음 | 신국판 | 304쪽 | 12,000원

천연 식초 건강법
건강식품연구회 엮음 | 신재용(해성한의원 원장) 감수 | 신국판 | 252쪽 | 9,000원

암에 대한 모든 것 서울아산병원 암센터 지음 | 신국판 | 360쪽 | 13,000원

알록달록 컬러 다이어트 이승남 지음 | 국판 | 248쪽 | 10,000원

불임부부의 희망 당신도 부모가 될 수 있다
정병준 지음 | 신국판 | 268쪽 | 9,500원

키 10cm 더 크는 키네스 성장법
김양수 · 이종균 · 최형규 표재환 · 김문희 지음 | 대국전판 | 312쪽 | 12,000원

당뇨병 백과 이헌철 · 송영득 · 안철우 지음 | 4×6배판 변형 | 396쪽 | 16,000원

호흡기 클리닉 119 박성학 지음 | 신국판 | 256쪽 | 10,000원

키 쑥쑥 크는 롱다리 만들기
롱다리 성장클리닉 원장단 지음 | 대국전판 | 256쪽 | 11,000원

내 몸을 살리는 건강식품
백은희 지음 | 신국판 | 384쪽 | 12,000원

내 몸에 맞는 운동과 건강 하철수 지음 | 신국판 | 264쪽 | 11,000원

알기 쉬운 척추 질환 119 김수연 지음 | 신국판 변형 | 240쪽 | 11,000원

베스트 닥터 박승정 교수팀의 심장병 예방과 치료
박승정 외 5인 지음 | 신국판 | 264쪽 | 10,500원

암 전이 재발을 막아주는 한방 신치료 전략
조종관 · 유화승 지음 | 신국판 | 308쪽 | 12,000원

식탁 위의 위대한 혁명 사계절 웰빙 식품
김진돈 지음 | 신국판 | 284쪽 | 12,000원

우리 가족 건강을 위한 신종플루 대처법
우준희 · 김태형 · 정진원 지음 | 신국판 변형 | 172쪽 | 8,500원

스트레스가 내 몸을 살린다
대한불안의학회 스트레스관리특별위원회 지음 | 신국판 | 296쪽 | 13,000원

수술하지 않고도 나도 예뻐질 수 있다
김경모 지음 | 신국판 | 144쪽 | 9,000원

우리 교육의 창조적 백색혁명 원상기 지음 | 신국판 | 206쪽 | 6,000원

현대생활과 체육 조창남 외 5명 공저 | 신국판 | 340쪽 | 10,000원

퍼펙트 MBA IAE유학네트 지음 | 신국판 | 400쪽 | 12,000원

유학길라잡이Ⅰ- 미국편 IAE유학네트 지음 | 4×6배판 | 372쪽 | 13,900원

유학길라잡이Ⅱ- 4개국편 IAE유학네트 지음 | 4×6배판 | 348쪽 | 13,900원

조기유학길라잡이.com IAE유학네트 지음 | 4×6배판 | 428쪽 | 15,000원

현대인의 건강생활 박상호 외 5명 공저 | 4×6배판 | 268쪽 | 15,000원

천재아이로 키우는 두뇌훈련
나가마츠 요시로 지음 · 민병수 옮김 | 국판 | 288쪽 | 9,500원

두뇌혁명
나가마츠 요시로 지음 · 민병수 옮김 | 4×6판 양장본 | 288쪽 | 12,000원

테마별 고사성어로 익히는 한자
김경익 지음 | 4×6배판 변형 | 248쪽 | 9,800원

生생 공부비법 이은승 지음 | 대국전판 | 272쪽 | 9,500원

자녀를 성공시키는 습관만들기 배은경 지음 | 대국전판 | 232쪽 | 9,500원

한자능력검정시험 1급
한자능력검정시험연구위원회 편저 4×6배판 | 568쪽 | 21,000원

한자능력검정시험 2급
한자능력검정시험연구위원회 편저 | 4×6배판 | 472쪽 | 18,000원

한자능력검정시험 3급(3급Ⅰ)
한자능력검정시험연구위원회 편저 | 4×6배판 | 440쪽 | 17,000원

한자능력검정시험 4급(4급Ⅱ)
한자능력검정시험연구위원회 편저 | 4×6배판 | 352쪽 | 15,000원

한자능력검정시험 5급
한자능력검정시험연구위원회 편저 | 4×6배판 | 264쪽 | 11,000원

한자능력검정시험 6급
한자능력검정시험연구위원회 편저 | 4×6배판 | 168쪽 | 8,500원

한자능력검정시험 7급
한자능력검정시험연구위원회 편저 | 4×6배판 | 152쪽 | 7,000원

한자능력검정시험 8급
한자능력검정시험연구위원회 편저 | 4×6배판 | 112쪽 | 6,000원

볼링의 이론과 실기 이택상 지음 | 신국판 | 192쪽 | 9,000원

고사성어로 끝내는 천자문 조준상 글·그림 | 4×6배판 | 216쪽 | 12,000원

내 아이 스타 만들기 김민성 지음 | 신국판 | 200쪽 | 9,000원

교육 1번지 강남 엄마들의 수험생 자녀 관리
황송주 지음 | 신국판 | 288쪽 | 9,500원

초등학생이 꼭 알아야 할 위대한 역사 상식
우진영 · 이양경 지음 | 4×6배판변형 | 228쪽 | 9,500원

초등학생이 꼭 알아야 할 행복한 경제 상식
우진영 · 전선심 지음 | 4×6배판변형 | 224쪽 | 9,500원

초등학생이 꼭 알아야 할 재미있는 과학상식
우진영 · 정경희 지음 | 4×6배판변형 | 220쪽 | 9,500원

한자능력검정시험 3급 · 3급Ⅱ
한자능력검정시험연구위원회 편저 | 4×6판 | 380쪽 | 7,500원

교과서 속에 폭폭 숨어있는 이색박물관 체험
이신화 지음 | 대국전판 | 248쪽 | 12,000원

초등학생 독서 논술(저학년)
책마루 독서교육연구회 지음 | 4×6배판 변형 | 244쪽 | 14,000원

초등학생 독서 논술(고학년)
책마루 독서교육연구회 지음 | 4×6배판 변형 | 236쪽 | 14,000원

놀면서 배우는 경제 김술 지음 | 대국전판 | 196쪽 | 10,000원

건강생활과 레저스포츠 즐기기
강선희 외 11명 공저 | 4×6배판 | 324쪽 | 18,000원

아이의 미래를 바꿔주는 좋은 습관 배은경 지음 | 신국판 | 216쪽 | 9,500원

다중지능 아이의 미래를 바꾼다
이소영 외 6인 지음 | 신국판 | 232쪽 | 11,000원

체육학 자연과학 및 사회과학 분야의 석·박사 학위 논문, 학술진흥재단
등재지, 등재후보지와 관련된 학회지 논문 작성법
하철수 · 김봉경 지음 | 신국판 | 336쪽 | 15,000원

공부가 제일 쉬운 공부 달인 되기 이은승 지음 | 신국판 | 256쪽 | 10,000원

글로벌 리더가 되려면 영어부터 정복하라
서재herbal 지음 | 신국판 | 276쪽 | 11,500원

중국현대30년사 정almohada일 지음 | 신국판 | 364쪽 | 20,000원

생활호신술 및 성폭력의 유형과 예방
신현무 지음 | 신국판 | 228쪽 | 13,000원

글로벌 리더가 되는 최강 속독법
권혁천 지음 | 신국판 변형 | 336쪽 | 15,000원

디지털 시대의 여가 및 레크리에이션
박세혁 지음 | 4 6배판 양장 | 404쪽 | 30,000원

김진국과 같이 배우는 와인의 세계
김진국 지음 | 국배판 변형양장본(올 컬러판) | 208쪽 | 30,000원

배스낚시 테크닉 이종건지음 | 4×6배판 | 440쪽 | 20,000원

나도 디지털 전문가 될 수 있다!!!
이승훈 지음 | 4×6배판 | 320쪽 | 19,200원

건강하고 아름다운 동양란 기르기
난마을 지음 | 4×6배판 변형 | 184쪽 | 12,000원

애완견114 황양원 엮음 | 4×6배판 변형 | 228쪽 | 13,000원

경제·경영

CEO가 될 수 있는 성공법칙 101가지
김승룡 편역 | 신국판 | 320쪽 | 9,500원

정보소프트 김승용 지음 | 신국판 | 324쪽 | 6,000원

기획대사전 다카하시 겐로 지음 | 홍영의 옮김 | 신국판 | 552쪽 | 19,500원

맨손창업·맞춤창업 BEST 74 양혜숙 지음 | 신국판 | 416쪽 | 12,000원

무자본, 무점포 창업! FAX 한 대면 성공한다
다카라고 고시 지음 | 홍영의 옮김 | 신국판 | 226쪽 | 7,500원

성공하는 기업의 인간경영
중소기업 노무 연구회 편저 | 홍영의 옮김 | 신국판 | 368쪽 | 11,000원

21세기 IT가 세계를 지배한다 김광회 지음 | 신국판 | 380쪽 | 12,000원

경제기사로 부자아빠 만들기
김기태·신현재·박근수 공저 | 신국판 | 388쪽 | 12,000원

포스트 PC의 주역 정보가전과 무선인터넷
김광회 지음 | 신국판 | 356쪽 | 12,000원

성공하는 사람들의 마케팅 바이블 채수명 지음 | 신국판 | 328쪽 | 12,000원

느린 비즈니스로 돌아가라
사카모토 게이이치 지음 | 정성호 옮김 | 신국판 | 276쪽 | 9,000원

적은 돈으로 큰돈 벌 수 있는 부동산 재테크
이원재 지음 | 신국판 | 340쪽 | 12,000원

바이오혁명 이주영 지음 | 신국판 | 328쪽 | 12,000원

성공하는 사람들의 자기혁신 경영기술 채수명 지음 | 신국판 | 344쪽 | 12,000원

CFO 교텐 토요오·타하라 오키시 지음 | 민병수 옮김 | 신국판 | 312쪽 | 12,000원

네트워크시대 네트워크마케팅 임동학 지음 | 신국판 | 376쪽 / 12,000원

성공리더의 7가지 조건
다이앤 트레이시·윌리엄 모건 지음 | 지창영 옮김 | 신국판 | 360쪽 | 13,000원

김종결의 성공창업 김종결 지음 | 신국판 | 340쪽 | 12,000원

최적의 타이밍에 내 집 마련하는 기술 이원재 지음 | 신국판 | 248쪽 | 10,500원

컨설팅 세일즈 Consulting sales
임동학 지음 | 대국전판 | 336쪽 | 13,000원

연봉 10억 만들기 김농주 지음 | 국판 | 216쪽 | 10,000원

주5일제 근무에 따른 한국형 주말창업
최효진 지음 | 신국판 변형 양장본 | 216쪽 | 10,000원

돈 되는 땅 안 되는 땅 김영준 지음 | 신국판 | 320쪽 | 13,000원

돈 버는 회사로 만들 수 있는 109가지
다카하시 도시노리 지음 | 민병수 옮김 | 신국판 | 344쪽 | 13,000원

프로는 디테일에 강하다 김미현 지음 | 신국판 | 248쪽 | 9,000원

머니투데이 송봉규 기자의 부동산으로 주머니돈 100배 만들기
송봉규 지음 | 신국판 | 328쪽 | 13,000원

성공하는 슈퍼마켓&편의점 창업
나명환 지음 | 4×6배판 변형 | 500쪽 | 28,000원

대한민국 싱공 새테크 부동산 펀드와 리츠로 승부하라
김영준 지음 | 신국판 | 256쪽 | 12,000원

마일리지 200% 활용하기 박성희 지음 | 국판 변형 | 200쪽 | 8,000원

1%의 가능성에 도전, 성공 신화를 이룬 여성 CEO
김미현 지음 | 신국판 | 248쪽 | 9,500원

3천만 원으로 부동산 재벌 되기
최수길·이숙·조연희 지음 | 신국판 | 290쪽 | 12,000원

10년을 앞설 수 있는 재테크 노동규 지음 | 신국판 | 260쪽 | 10,000원

세계 최강을 추구하는 도요타 방식
나카가와 키요타카 지음 | 민병수 옮김 | 신국판 | 296쪽 | 12,000원

최고의 설득을 이끌어내는 프레젠테이션 조두환 지음 | 신국판 | 296쪽 | 11,000원

최고의 만족을 이끌어내는 창의적 협상
조강희·조원희 지음 신국판 | 248쪽 | 10,000원

New 세일즈 기법 물건을 팔지 말고 가치를 팔아라
조기선 지음 | 신국판 | 264쪽 | 9,500원

작은 회사는 전략이 달라야 산다 황문진 지음 | 신국판 | 312쪽 | 11,000원

돈되는 슈퍼마켓&편의점 창업전략(입지 편)
나명환 지음 | 신국판 | 352쪽 | 13,000원

25·35 꼼꼼 여성 재테크 정원훈 지음 | 신국판 | 224쪽 | 11,000원

대한민국 2030 독특하게 창업하라
이상헌·이호 지음 | 신국판 | 288쪽 | 12,000원

왕초보 주택 경매로 돈 벌기 천관성 지음 | 신국판 | 268쪽 | 12,000원

New 마케팅 기법〈실전편〉물건을 팔지 말고 가치를 팔아라 2
조기선 지음 | 신국판 | 240쪽 | 10,000원

퇴출 두려워 마라 홀로서기에 도전하라
신정수 지음 | 신국판 | 256쪽 | 11,500원

슈퍼마켓&편의점 창업 바이블 나명환 지음 | 신국판 | 280쪽 | 12,000원

위기의 한국 기업 재창조하라 신정수 지음 | 신국판 양장본 | 304쪽 | 15,000원

취업닥터 신정수 지음 | 신국판 | 272쪽 | 13,000원

합법적으로 확실하게 세금 줄이는 방법
최성호·김기근 지음 | 대국전판 | 372쪽 | 16,000원

선거수첩 김용한 엮음 | 4 6판 | 184쪽 | 9,000원

소상공인 마케팅 실전 노하우
(사)한국소상공인마케팅협회 지음 | 황문진 감수 | 4 6배판 변형 | 22,000원

주식

개미군단 대박맞이 주식투자
홍성걸(한양증권투자분석팀 팀장) 지음 | 신국판 | 310쪽 | 9,500원

알고 하자! 돈 되는 주식투자 이길영 외 2명 공저 | 신국판 | 388쪽 | 12,500원

항상 당하기만 하는 개미들의 매도·매수타이밍 999% 적중 노하우
강경무 지음 | 신국판 | 336쪽 | 12,000원

부자 만들기 주식성공클리닉 이창회 지음 | 신국판 | 372쪽 | 11,500원

선물·옵션 이론과 실전매매 이창회 지음 | 신국판 | 372쪽 | 12,000원

너무나 쉬워 재미있는 주가차트 홍성무 지음 | 4×6배판 | 216쪽 | 15,000원

주식투자 직접 투자로 높은 수익을 올릴 수 있는 비결
김학균 지음 | 신국판 | 230쪽 | 11,000원

억대 연봉 증권맨이 말하는 슈퍼 개미의 수익나는 원리
임정규 지음 | 신국판 | 248쪽 | 12,500원

역학

역리종합 만세력 정도명 편저 | 신국판 | 532쪽 | 10,500원

작명대전 정보국 지음 | 신국판 | 460쪽 | 12,000원

하락이수 해설 이천교 편저 | 신국판 | 620쪽 | 27,000원

현대의 창조적 관상과 수상 백운산 지음 | 신국판 | 344쪽 | 9,000원

대운용신영부적 정재원 지음 | 신국판 양장본 | 750쪽 | 39,000원

사주비결활용법 이세진 지음 | 신국판 | 392쪽 | 12,000원

컴퓨터세대를 위한 新 성명학대전 박용찬 지음 | 신국판 | 388쪽 | 11,000원

길흉화복 꿈풀이 비법 백운산 지음 | 신국판 | 410쪽 | 12,000원

새천년 작명컨설팅 정재원 지음 | 신국판 | 492쪽 | 13,900원

백운산의 신세대 궁합 백운산 지음 | 신국판 | 304쪽 | 9,500원

동자삼 작명학 남시모 지음 | 신국판 | 496쪽 | 15,000원

구성학의 기초 문길여 지음 | 신국판 | 412쪽 | 12,000원

소울음소리 이건우 지음 | 신국판 | 314쪽 | 10,000원

법률일반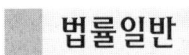

여성을 위한 성범죄 법률상식 조명원(변호사) 지음 | 신국판 | 248쪽 | 8,000원

아파트 난방비 75% 절감방법 고영근 지음 | 신국판 | 238쪽 | 8,000원

일반인이 꼭 알아야 할 절세전략 173선
최성호(공인회계사) 지음 | 신국판 | 392쪽 | 12,000원

변호사와 함께하는 부동산 경매 최환주(변호사) 지음 | 신국판 | 404쪽 | 13,000원

혼자서 쉽고 빠르게 할 수 있는 소액재판
김재용·김종철 공저 | 신국판 | 312쪽 | 9,500원

"술 한 잔 사겠다"는 말에서 찾아보는 채권·채무
변환철(변호사) 지음 | 신국판 | 408쪽 | 13,000원

알기쉬운 부동산 세무 길라잡이 이건우(세무서 재산계장) 지음 신국판 | 400쪽 | 13,000원

알기쉬운 어음, 수표 길라잡이 변환철(변호사) 지음 | 신국판 | 328쪽 | 11,000원
제조물책임법 강동근(변호사)·윤종성(검사) 공저 | 신국판 | 368쪽 | 13,000원
알기 쉬운 주5일근무에 따른 임금·연봉제 실무
문강분(공인노무사) 지음 | 4×6배판 변형 | 544쪽 | 35,000원
변호사 없이 당당히 이길 수 있는 형사소송 김대환 지음 | 신국판 | 304쪽 | 13,000원
변호사 없이 당당히 이길 수 있는 민사소송 김대환 지음 | 신국판 | 412쪽 | 14,500원
혼자서 해결할 수 있는 교통사고 Q&A
조명원(변호사) 지음 | 신국판 | 336쪽 | 12,000원
알기 쉬운 개인회생·파산 신청법 최재구(법무사) 지음 | 신국판 | 352쪽 | 13,000원
부동산 조세론 정태식·김예기 지음 | 4×6배판 변형 | 408쪽 | 33,000원

생활법률

부동산 생활법률의 기본지식
대한법률연구회 지음 | 김원중(변호사) 감수 | 신국판 | 480쪽 | 12,000원
고소장·내용증명 생활법률의 기본지식
하태웅(변호사) 지음 신국판 | 440쪽 | 12,000원
노동 관련 생활법률의 기본지식
남동희(공인노무사) 지음 | 신국판 | 528쪽 | 14,000원
외국인 근로자 생활법률의 기본지식
남동희(공인노무사) 지음 | 신국판 | 400쪽 | 12,000원
계약작성 생활법률의 기본지식
이상도(변호사) 지음 | 신국판 | 560쪽 | 14,500원
지적재산 생활법률의 기본지식
이상도(변호사)·조의제(변리사) 공저 | 신국판 | 496쪽 | 14,000원
부당노동행위와 부당해고 생활법률의 기본지식
박영수(공인노무사) 지음 | 신국판 | 432쪽 | 14,000원
주택·상가임대차 생활법률의 기본지식
김운용(변호사) 지음 | 신국판 | 480쪽 | 14,000원
하도급거래 생활법률의 기본지식
김진흥(변호사) 지음 | 신국판 | 440쪽 | 14,000원
이혼소송과 재산분할 생활법률의 기본지식
박동섭(변호사) 지음 | 신국판 | 460쪽 | 14,000원
부동산등기 생활법률의 기본지식
정상태(법무사) 지음 | 신국판 | 456쪽 | 14,000원
기업경영 생활법률의 기본지식
안동섭(단국대교수) 지음 | 신국판 | 466쪽 | 14,000원
교통사고 생활법률의 기본지식
박영두(변호사)·전병찬 공저 | 신국판 | 480쪽 | 14,000원
소송서식 생활법률의 기본지식 김대환 지음 | 신국판 | 480쪽 | 14,000원
호적·가사소송 생활법률의 기본지식
정주수(법무사) 지음 | 신국판 | 516쪽 | 14,000원
상속과 세금 생활법률의 기본지식
박동섭(변호사) 지음 | 신국판 | 480쪽 | 14,000원
담보·보증 생활법률의 기본지식
류장호(법학박사) 지음 | 신국판 | 436쪽 | 14,000원
소비자보호 생활법률의 기본지식
김성천(법학박사) 지음 | 신국판 | 504쪽 | 15,000원
판결·공정증서 생활법률의 기본지식
정상태(법무사) 지음 | 신국판 | 312쪽 | 13,000원
산업재해보상보험 생활법률의 기본지식
정유석(공인노무사) 지음 | 신국판 | 384쪽 | 14,000원

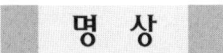

명상

명상으로 얻는 깨달음 달라이라마 지음 | 지창영 옮김 | 국판 | 320쪽 | 9,500원

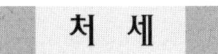

처세

성공적인 삶을 추구하는 여성들에게 우먼파워
조안 커너·모이라 레이너 공저 | 지창영 옮김 | 신국판 | 352쪽 | 8,800원

聽 이익이 되는 말 話 손해가 되는 말
우메시마 미요 지음 | 정성호 옮김 | 신국판 | 304쪽 | 9,000원
성공하는 사람들의 화술테크닉 민영욱 지음 | 신국판 | 320쪽 | 9,500원
부자들의 생활습관 가난한 사람들의 생활습관
다케우치 야스오 지음 | 홍영의 옮김 | 신국판 | 320쪽 | 9,800원
코끼리 귀를 당긴 원숭이–히딩크식 창의력을 배우자
강동인 지음 | 신국판 | 208쪽 | 8,500원
성공하려면 유머와 위트로 무장하라 민영욱 지음 | 신국판 | 292쪽 | 9,500원
등소평의 오뚝이전략 조창남 편저 | 신국판 | 304쪽 | 9,500원
노무현 화술과 화법을 통한 이미지 변화
이현정 지음 신국판 | 320쪽 | 10,000원
성공하는 사람들의 토론의 법칙 민영욱 지음 | 신국판 | 280쪽 | 9,500원
사람은 칭찬을 먹고산다 민영욱 지음 | 신국판 | 268쪽 | 9,500원
사과의 기술 김농주 지음 | 국판 변형 양장본 | 200쪽 | 10,000원
취업 경쟁력을 높여라 김농주 지음 | 신국판 | 280쪽 | 12,000원
유비쿼터스시대의 블루오션 전략 최양진 지음 | 신국판 | 248쪽 | 10,000원
나만의 블루오션 전략 – 화술편 민영욱 지음 | 신국판 | 254쪽 | 10,000원
희망의 씨앗을 뿌리는 20대를 위하여
우광균 지음 | 신국판 | 172쪽 | 8,000원
끌리는 사람이 되기위한 이미지 컨설팅
홍순아 지음 | 대국전판 | 194쪽 | 10,000원
글로벌 리더의 소통을 위한 스피치 민영욱 지음 | 신국판 | 328쪽 | 10,000원
오바마처럼 꿈에 미쳐라 정영순 지음 | 신국판 | 208쪽 | 9,500원
여자 30대, 내 생애 최고의 인생을 만들어라
정영순 지음 | 신국판 | 256쪽 | 11,500원
인맥의 달인을 넘어 인맥의 神이 되라
서필환·봉은희 지음 | 신국판 | 304쪽 | 12,000원
아임 파인(I'm Fine!) 오오카와 류우호오 지음 | 4×6판 | 152쪽 | 8,000원
미셸 오바마처럼 사랑하고 성공하라 정영순 지음 | 신국판 | 224쪽 | 10,000원
용기의 법 오오카와 류우호오 지음 | 국판 | 208쪽 | 10,000원
긍정의 신 김태광 지음 | 신국판 변형 | 230쪽 | 9,500원
위대한 결단 이채윤 지음 | 신국판 | 316쪽 | 15,000원
한국을 일으킬 비전 리더십 안의정 지음 | 신국판 | 340쪽 | 14,000원
하우 어바웃 유? 오오카와 류우호오 지음 | 신국판 변형 | 140쪽 | 9,000원
셀프 리더십의 긍정적 힘 배은정 지음 | 신국판 | 178쪽 | 12,000원
실천하라 정주영처럼 이채윤 지음 | 신국판 | 300쪽 | 12,000원
진실에 대한 깨달음 오오카와 류우호오 지음 | 신국판 변형 | 170쪽 | 9,500원

어학

2진법 영어 이상도 지음 | 4×6배판 변형 | 328쪽 | 13,000원
한 방으로 끝내는 영어 고제윤 지음 | 신국판 | 316쪽 | 9,800원
한 방으로 끝내는 영단어
김승엽 지음 | 김수경·카렌다 감수 | 4×6배판 변형 | 236쪽 | 9,800원
해도해도 안 되던 영어회화 하루에 30분씩 90일이면 끝낸다
Carrot Korea 편집부 지음 | 4×6배판 변형 | 260쪽 | 11,000원
바로 활용할 수 있는 기초생활영 김수경 지음 | 신국판 | 240쪽 | 10,000원
바로 활용할 수 있는 비즈니스영어 김수경 지음 | 신국판 | 252쪽 | 10,000원
생존영어55 홍일록 지음 | 신국판 | 224쪽 | 8,500원
필수 여행영어회화 한현숙 지음 | 4×6판 변형 | 328쪽 | 7,000원
필수 여행일어회화 유영자 지음 | 4×6판 변형 | 264쪽 | 6,500원
필수 여행중국어회화 이은진 지음 | 4×6판 변형 | 256쪽 | 7,000원
영어로 배우는 중국어 김승엽 지음 | 신국판 | 216쪽 | 9,000원
필수 여행스페인어회화 유연창 지음 | 4×6판 변형 | 288쪽 | 7,000원
바로 활용할 수 있는 홈스테이 영어 김형주 지음 | 신국판 | 184쪽 | 9,000원
필수 여행러시아어회화 이은수 지음 | 4×6판 변형 | 248쪽 | 7,500원
바로 활용할 수 있는 홈스테이 영어 김형주 지음 | 신국판 | 184쪽 | 9,000원
필수 여행러시아어회화 이은수 지음 | 4×6판 변형 | 248쪽 | 7,500원

영어 먹는 고양이 1
권혁천 지음 | 4×6배판 변형(올컬러) | 164쪽 | 9,500원

영어 먹는 고양이 2
권혁천 지음 | 4×6배판 변형(올컬러) | 152쪽 | 9,500원

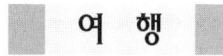
여 행

우리 땅 우리 문화가 살아 숨쉬는 옛터
이형권 지음 | 대국전판(올컬러) | 208쪽 | 9,500원

아름다운 산사 이형권 지음 | 대국전판(올컬러) | 208쪽 | 9,500원

맛과 멋이 있는 낭만의 카페 박성찬 지음 | 대국전판(올컬러) | 168쪽 | 9,900원

한국의 숨어 있는 아름다운 풍경 이종원 지음 | 대국전판(올컬러) | 208쪽 | 9,900원

사람이 있고 자연이 있는 아름다운 명산
박기성 지음 | 대국전판(올컬러) | 176쪽 | 12,000원

마음의 고향을 찾아가는 여행 포구
김인자 지음 | 대국전판(올컬러) | 224쪽 | 14,000원

생명이 살아 숨쉬는 한국의 아름다운 강
민병준 지음 | 대국전판(올컬러) | 168쪽 | 12,000원

틈나는 대로 세계여행 김재관 지음 | 4×6배판 변형 | 368쪽 | 20,000원

풍경 속을 걷는 즐거움 명상 산책
김인자 지음 | 대국전판(올컬러) | 224쪽 | 14,000원

3.3.7 세계여행 김원수 지음 | 4×6배판 변형(올컬러) | 280쪽 | 12,900원

법정 스님의 발자취가 남겨진 아름다운 산사
박성찬·최애정·이성준 지음 | 신국판 변형(올컬러) | 176쪽 | 12,000원

자유인 김완수의 세계 자연경관 후보지 21곳 탐방과 세계 7대 자연경관 견문록
김완수 지음 | 4×6배판(올컬러) | 368쪽 | 27,000원

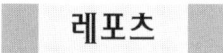
레포츠

수열이의 브라질 축구 탐방 삼바 축구, 그들은 강하다
이수열 지음 | 신국판 | 280쪽 | 8,500원

마라톤, 그 아름다운 도전을 향하여
빌 로저스·프리실라 웰치·조 헨더슨 공저 | 오인환 감수 | 지창영 옮김 | 4×6배판 | 320쪽 | 15,000원

인라인스케이팅 100% 즐기기
임미숙 지음 | 4×6배판 변형 | 172쪽 | 11,000원

스키 100% 즐기기 김동환 지음 | 4×6배판 변형 | 184쪽 | 12,000원

태권도 총론 하웅의 지음 | 4×6배판 | 288쪽 | 15,000원

수영 100% 즐기기 김종만 지음 | 4×6배판 변형 | 248쪽 | 13,000원

건강을 위한 웰빙 걷기 이강옥 지음 | 대국전판 | 280쪽 | 10,000원

쉽고 즐겁게! 신나게! 배우는 재즈댄스
최재선 지음 | 4×6배판 변형 | 200쪽 | 12,000원

해양스포츠 카이트보딩 김남용 편저 | 신국판(올컬러) | 152쪽 | 18,000원

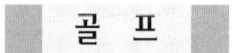
골 프

퍼팅 메커닉 이근택 지음 | 4×6배판 변형 | 192쪽 | 18,000원

아마골프 가이드 정영호 지음 | 4×6배판 변형 | 216쪽 | 12,000원

골프 100타 깨기 김준모 지음 | 4×6배판 변형 | 136쪽 | 10,000원

골프 90타 깨기 김광섭 지음 | 4×6배판 변형 | 148쪽 | 11,000원

KLPGA 최여진 프로의 센스 골프
최여진 지음 | 4×6배판 변형(올컬러) | 192쪽 | 13,900원

KTPGA 김준모 프로의 파워 골프
김준모 지음 | 4×6배판 변형(올컬러) | 192쪽 | 13,900원

골프 80타 깨기 오태훈 지음 | 4×6배판 변형 | 132쪽 | 10,000원

신나는 골프 세상 유응열 지음 | 4×6배판 변형(올컬러) | 232쪽 | 16,000원

이신 프로의 더 퍼펙트 이신 지음 | 국배판 변형 | 336쪽 | 28,000원

주니어출신 박영진 프로의 주니어골프
박영진 지음 | 4×6배판 변형(올컬러) | 164쪽 | 11,000원

골프손자병법 유응열 지음 | 4×6배판 변형(올컬러) | 212쪽 | 16,000원

박영진 프로의 주말 골퍼 100타 깨기
박영진 지음 | 4×6배판 변형(올컬러) | 160쪽 | 12,000원

10타 줄여주는 클럽 피팅
현세용·서주석 공저 | 4×6배판 변형 | 184쪽 | 15,000원

단기간에 싱글이 될 수 있는 원포인트 레슨
권용진·김준모 지음 | 4×6배판 변형(올컬러) | 152쪽 | 12,500원

이신 프로의 더 퍼펙트 쇼트 게임
이신 지음 | 국배판 변형(올컬러) | 248쪽 | 20,000원

인체에 가장 잘 맞는 스킨 골프
박길석 지음 | 국배판 변형 양장본(올컬러) | 312쪽 | 43,000원

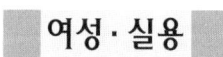
여성·실용

결혼준비, 이제 놀이가 된다
김창규·김수경·김정철 지음 | 4×6배판 변형(올컬러) | 230쪽 | 13,000원

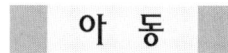
아 동

꿈도둑의 비밀 이소영 지음 | 신국판 | 136쪽 | 7,500원

바리온의 빛나는 돌 이소영 지음 | 신국판 | 144쪽 | 8,000원

공감을 불러일으키는 감성 유머
통하는 화술

2012년 3월 31일 제1판 1쇄 발행

지은이/ 민영욱 · 조영관 · 손이수
펴낸이/ 강선희
펴낸곳/ 가림출판사

등록/ 1992. 10. 6. 제4-191호
주소/ 서울시 광진구 중곡2동 161-27 경남빌딩 5층
대표전화/ 458-6451   팩스/ 458-6450
홈페이지/ www.galim.co.kr
전자우편/ galim@galim.co.kr

값 12,000원

ⓒ 민영욱 · 조영관 · 손이수, 2012

저자와의 협의하에 인지를 생략합니다.

불법복사는 지적재산을 훔치는 범죄행위입니다.
저작권법 제97조의 5(권리의 침해죄)에 따라 위반자는 5년 이하의 징역 또는 5천만 원 이하의 벌금에 처하거나 이를 병과할 수 있습니다.

ISBN 978-89-7895-359-7 13320

가림출판사 · 가림M&B · 가림Let's 의 홈페이지(http://www.galim.co.kr)에 들어오시면 가림출판사 · 가림M&B · 가림Let's 의 신간도서 및 출간 예정 도서를 포함한 모든 책들을 만나실 수 있습니다.
온라인 서점을 통하여 직접 도서 구입도 하실 수 있으며 가림 홈페이지 내에서 전국 대형 서점들의 사이트에 링크하시어 종합 신간 안내 및 각종 도서 정보, 책과 관련된 문화 정보를 받아보실 수 있습니다.
또한 홈페이지 방문시 회원으로 가입하시면 신간 안내 자료를 보내드립니다.